野口悠紀雄

だから古典は面白い

GS
幻冬舎新書
585

はじめに：なぜ古典なのか？

本に囲まれているときが一番幸せ

私は大学で教える仕事を長年続けました。大学教授に特権というものはありませんが、大学図書館の書庫に入れることは、間違いなく例外的な特権だったと思います。そこは、普通は誰もおらず、静まり返っていて、見渡すかぎり棚に並んだ本だけが見える空間です。

私にとって書庫は、最も心が落ち着く、世界で最高の場所です。ここで本に囲まれていると、とても安心した気持ちになります。

私がとくに好きだったのは、スタンフォード大学のグリーン・ライブラリーの書庫です。アメリカの大学図書館はいくつも利用しましたが、そこは、大学院生としてリーディング・アサインメント（来週の講義までに読まなければならない文献）を読む場所でした。短い時間のうちに大量の文献を読まなければならなかったので、「大変だった」という思い出しかありません。

２００４年にスタンフォード大学にいたときには、そのような義務がなく、のんびりした気持ちで書庫に入ることができました。このために良い思い出が残っているのでしょう。グリーン・ライブラリーの書庫は地下にあり、大きな机が置いてあって、本を読めるようになっています。外の世界からまったく隔絶された僧院にいる修道僧のような気分になれます。

図書室があるホテルもあります。上高地の帝国ホテルの図書室には、部屋の真ん中に大きな机があります。箱根ハイランドホテルでは、廊下の片隅、エレベータのそばに、あまり人目につかない小さな部屋があります。伊豆の川奈ホテルの2階にも図書室があります。蔵書が沢山あるわけではないのですが、窓際に机が並べてあります。ここで外の景色を見ながら仕事ができたら、何と素晴らしいことかと思います。沖縄のザ・ブセナテラスの図書室は、かなり大きなスペースです。

こうした空間があることが、ホテルの雰囲気をまったく変えています。そこで本を読まなくても、その空間があると思うだけで、落ち着いた気持ちになれます。

地下にある著者の本棚。「常に本を参照したり読んだりしているので、きれいに並んだためしはない」

空想図書館を作る

あるとき、「空想図書館を作れないか？」と考えました。

大学図書館ほど立派ではないが、ホテルの図書室のように、気が向いたときにふらっと訪れて、本に囲まれて安心した気持ちになれるという、想像上の空間です。

そこには、私がこれまで読んで、その素晴らしさを皆さんと共有したいと思う本が置いてあります。どれも、私が愛してやまない本です。

そんな場所を作れたら、どんなに素晴らしいでしょう。

そこで、私の書棚に眠っている本に召集令をかけて呼び覚まし、昔のように、熱弁をふるってもらうことにしました。

2階にある著者の本棚。カバーなしの古びた文庫が所狭しと並んでいる

気が滅入るとき、不安に駆られるとき、あるいは傷ついたときに、ここに逃げ込んで好きな本と対話すれば、安心できるでしょう。

そして、本の世界に入ることが至上の喜びであることを実感できるでしょう。

小説を読んでいて感情移入することがありますが、小説以外でも、優れた本であれば、すべてを忘れて、その世界に入ってしまうでしょう。

これは、現実逃避でしょうか？

そうかもしれません。しかし、簡単にできるし、習慣性もありません。出ようと思えばすぐ出られます。逆に、時間があれば、いくらでも深いところまで行くことができます。

その空間が、私がこの地上からいなくなっても残ることを祈っています。そう想像するだけで楽しい気分になります。

新刊書でなく、いつまでも輝きを失わない本

ところで、書籍の紹介は、さまざまな書評欄で行なわれています。それらは有用ですが、問題は、取り上げられる書籍のほとんどが新刊書だということです。

本書で取り上げているのは、新刊書でなく、いつまでも価値が減じない本、つまり古典です。

古典とは、時代を超越した作品であり、決して古くなることがないものです。

「昔作られたもの」の数は膨大です。その中の大部分は、忘れられてしまっています。その存在さえ、知ることができません。

つまり、「昔作られたもの」の中で、現在、われわれが見たり聞いたりすることができるのは、長い淘汰の過程をくぐり抜けてきたものだけなのです。

「淘汰されなかったものは、淘汰されたものに比べて価値が高い」と考えるのは、多分正しいでしょう。ですから、古典は平均すれば「淘汰されたものに比べて価値が高い」と言うことができます。

そうであれば、「現在生産されているものと比べても、多分、価値が高いだろう」と推測できます。

したがって、われわれがかぎられた時間内に読むのであれば、「現在生産されているものよりは、古典を読むほうが、平均して効率がよい」と言えるでしょう。

これは、まったく簡単な算術計算であり、実に単純な功利主義です。

しかし、この結論は、間違っていないと思います。

説得法なら聖書を、組織の経営なら『戦争と平和』を読もう

いま多数刊行されている経営書やノウハウ書に比べて、古典のほうが遥かに有用な知識を教えてくれます。

例えば、第1章で述べるように、聖書は、説得術の最高の教科書です。

「組織がどのように動いているのか」のメカニズムを知りたいのであれば、経営学の本を読むよりは、第2章で取り上げるトルストイの『戦争と平和』を読むほうが、ずっと効率的です。

人を操る術策を知りたいのであれば、第3章で紹介するシェイクスピアの『マクベス』

を開き、魔女たちがどのように巧みにマクベスを誘導したかを見ることです。人間操縦法という触れ込みで書かれている本を１００冊読むよりも、遥かに効率的でしょう。

もちろん、昔書かれた本には、スマートフォンやインターネットをどう使うかという類のことは、書いてありません。そうしたことについては、いまの時代に発行されている書籍を読むしか方法はありません。

しかし、それ以外のことについて言えば、人間の心理や人間が作った組織は昔と基本的に変わっていないのですから、トルストイやシェイクスピアのような洞察力を持った人が書いたものを読むほうが効率がよいことは、明らかなのです。こうした本は、未来の社会においても生き続けるでしょう。

いまは、誰でも容易に古典を読める

音楽においても文学においても、時代を超越した作品があり、それらは、いつの時代になっても決して古くなることはありません。

それが「古典《クラシックス》」です。

いま、われわれは、望めば古典を読んだり聞いたりすることが、簡単にできます。これは、考えてみれば素晴らしいことです。

人類の歴史において、多くの人が古典に接することができるようになったのは、それほど昔からのことではありません。

まず、誰もが文字を読めたわけではありません。聖書はラテン語で書かれていたため、普通の人は読むことができませんでした。

その上、印刷物のコストは高く、誰もが印刷物を手に入れられたわけではありません。

電子書籍が普及して絶版がなくなれば、古典を読むのが、いまよりもっと簡単になるでしょう。そうなれば、新刊書以外の本についての書評も多く行なわれるようになるでしょう。私は、そうした書評が今後、増えることを期待しています。

読書の連鎖過程のための「きっかけ」を作ろう

ある著者の本を読んで面白いと思い、その人の著作をつぎつぎに読んでいくということが、しばしばあります。これを「読書の連鎖過程」と呼ぶことができます。これは、読みたい本を探し出す方法として有効です。

例えば、私は、シュテファン・ツヴァイクの『ジョゼフ・フーシェ』を読んでツヴァイクの魅力に引き込まれ、次に『人類の星の時間』、そして、『マゼラン』『メリー・スチュアート』『マリー・アントワネット』と、つぎつぎに読み進みました。

これは小説を選ぶ場合に、とくに有効な方法です。小説の面白さは、著者の力量によって大きく左右されるのですが、この方法で選べば、おおよその水準は確保できます。とくに、ＳＦは出来・不出来のバラツキが極めて大きく、大部分が駄作です。しかし、面白いと思った著者の作品を読み進めば、あまり大きな失望はありません。

以上は、「著者」に関して「縦につなげてゆく」方法です。それとともに、テーマに関連して「横につなげる」こともあります。例えば、『メリー・スチュアート』を読めば、エリザベス女王にも興味を持つでしょう。そこで、彼女に関連した本を読んでいくことになります。

歴史や経済、あるいは科学などについての読書では、この方法によって読む本が広がっていくことが多いでしょう。

あることについて知識を持てば、それに関連することへの興味が増します。したがって、興味がつぎつぎに広がっていきます。いわば、好奇心が自己増殖していくわけです。

私は、好奇心こそが人類の進歩をもたらしてきたものであり、そして、好奇心の自己増殖過程を意識的に作ることは可能であると思っています。右に述べたのは、その方法を読書に当てはめたものです。

そうしたきっかけを、できるだけ多く作ることが重要です。それが、あなたの人生を豊かにするでしょう。

最初のきっかけは、できるだけ若いときに作るのがよいのですが、いつになっても決して遅すぎることはありません。

「読書の連鎖過程」を作る最初のきっかけとしては、さまざまなものがあります。学校の教科書であることも多いし、友人との会話であることもあります。映画がきっかけになることもあります。

本書がそのようなきっかけの一つになることを望んでいます。

ここには、経済学の本はありません。そのかわり、文学書や歴史書、あるいはＳＦなどがあります。

私が日常的に読んでいる本は、その時々のカレント・トピックスを扱っているものが多いのですが、それらは本書では取り上げていません。

なお、小説やＳＦについて、その結末を書いてしまっている場合があります。小説は、結末がどうなるかという謎解きの魅力に惹《ひ》かれて読む場合が多いので、未読の方の楽しみを奪ってしまう危険があります。このことにご注意ください。

私はいま、つぎの2つをとても残念なことだと思っています。

一つは、取り上げられなかった本が沢山残ってしまったことです。シェイクスピアの喜劇（とくに『十二夜』）、ロマン・ロラン『ジャン・クリストフ』、アンブローズ・ビアスの短編集、アルベール・カミュ『ペスト』、科学者や数学者の伝記（ニュートン、ガロア、フォン・ノイマン）等々。

第2は、いつまでも書き続けていたいのに、原稿を編集部に引き渡さねばならないことです。いつかその日が来るのは、最初から分かりきっていたことですが……。

本書を企画してくださったのは、幻冬舎編集部の四本恭子氏です。刊行にいたるさまざまな過程でお世話になりました。御礼申し上げます。

２０２０年２月　　野口悠紀雄

＊下のＱＲコードにスマートフォンのカメラをかざすと、本書のサポートページを開けます。

だから古典は面白い／目次

カバー・本文写真 山口貴弘
DTP 美創

第1章 ドラッカーを読むより聖書を読もう

1 ベストセラーを読みたいなら、まず聖書

史上ベストセラー第1位

最初に印刷された書籍は、聖書です。

それ以来、いまにいたるまで印刷され続けているので、聖書がベストセラーの人類史上第1位であることは間違いありません。

今後読み続けられるであろうことも、多分間違いありません。

「ベストセラーは必ず読もう」とお考えであれば、何を措いても、まず聖書を読まなければ、話になりません。

しかも、読もうと思いさえすれば、簡単に読むことができます。

昔からそうだったわけではないことに、注意してください。

活版印刷技術が発明され普及する前の時代において、文書の複製は筆写しか方法がありませんでした。聖書は、修道院の聖職者によって筆写されていたのです。これは大変な作業でした。したがって、普通の人が聖書を読みたいと思っても、読むことはできなかったのです。

また、聖書はラテン語で書かれていたので、仮に筆写本に接することができたとしても、普通の人には理解することができませんでした。聖書の教えを知るには、教会に行って聖職者の説教を聞くしか方法はなかったのです。

いまでは、聖書を読もうと思えば、簡単に手に入れることができます。しかも、翻訳があるので、ラテン語の知識がなくても読むことができます。

このような環境を利用しないのは、本当にもったいないことです。

文学や絵画を理解するために、聖書の知識が必要

聖書は、文学作品に頻繁に登場します。少なくともキリスト教圏においては、聖書の物

語は誰もが知っているものだからです。

したがって、聖書を知らないと、文学作品の多くを理解できないことになります。とりわけ、ドストエフスキイの作品は、聖書を知らないと理解できません。

キリスト教徒でない私が聖書を読んだのは、文学作品に登場する聖書の引用の意味を知りたかったからです。

絵画のテーマも、聖書にかかわるものが数多くあります。というより、ルネッサンス以前の西洋絵画のほとんどは、宗教画でないにしても、聖書に題材をとったものです。

これは、ラテン語で書かれている聖書の物語を人々に理解させるには、絵画を用いるのが効果的だったからでしょう。

いまの私たちは、聖書を知らないと、西洋絵画に何が描かれているのかを理解できないことになります。

これも、私が聖書を読んだ理由の一つです。牛に引かれて善光寺参りをしたようなものです。

2 イエス・キリストは、史上最強の説得者

共産主義国家は70年だが、キリスト教は2000年

聖書を読んで得られるものは、文学作品や絵画の理解だけではありません。説得術を学ぶことができます。

イエス・キリストは、人類史上で最強の説得者です。

これほど多くの人々を、しかもこれほどの長期間にわたって説得しえた人は、他にいません。

一人の考えが社会に大きな影響を与えた例として、カール・マルクスの共産主義があります。

しかし、共産主義国家ソビエト連邦は、結局のところ、70年しかもちませんでした。

中華人民共和国も、建国から70年しか経《た》っていません。そして、中国共産党は、「毛沢東思想」とは言っていますが、「マルクス・レーニン主義」とは言わなくなったようです。

しかも、現代中国経済の実態は、毛沢東が実現しようとしたものとは正反対です。

それに比べてキリスト教は、２０００年の歴史を持っています。そして、その力が衰え

ているようにも見えません。

信じられないほどの強い説得力

イエスの説教は、その影響が広範で、永続しただけではありません。信じられないほどの強さを発揮しました。

キリスト教布教の初期段階において、おびただしい数の殉教者が生まれました。

ネロ治世下のローマ帝国におけるキリスト教徒への迫害は、苛烈なものでした。しかし、キリスト教はそれによって弱まったのではなく、かえって強まりました。

そして、それから３００余年後にはローマ帝国の国教となり、ついにはヨーロッパ全土を支配する宗教となったのです。

キリスト教の影響力が頂点に達したのが、十字軍です。

十字軍は、宗教的義務感だけによって結成された軍隊であり、そのリーダーとなった王や諸侯に、領土獲得などの現世的目的はありませんでした（結果的には、パレスチナに十字軍国家を建設することになったのですが）。

数次にわたる十字軍遠征が終わったあとも、キリスト教の宣教活動は続きました。

ポルトガルが大航海に乗り出した一つの理由は、キリスト教の宣教です。「遠い異国にプレスター・ジョンという王が治めるキリスト教国が存在する」という伝説が、航海王子と言われたエンリケ（１３９４～１４６０年）を支えたのです。

ジェズイット教会は、宣教者を遠く日本にまで派遣しました。しかも、遠藤周作の『沈黙』に描かれたような殉教となることが、あらかじめ予測できたにもかかわらず。

ドラッカーは50年だが、聖書は2000年

イエスの説教は、福音書に記録されています。それを読めば、なぜこれほど強い影響力を発揮できたのかを知ることができるでしょう。

福音書は、人類の歴史上、最も長く、かつ最も多くの人に読まれてきた説得法の教科書なのです*。

説得法に関するビジネス書は、世にあまたあります。しかし、聖書を超えるものはありません。

２０００年間も読まれているのですから、せいぜい50年のピーター・ドラッカーよりは、ビジネス書としてずっと有効であるに違いありません。そうしたアプローチで聖書を読み

直してみれば、有用なノウハウを数多く学べるでしょう。

「年数だけで比較するのはあまりに乱暴」と思われるかもしれません。しかし、50年と２０００年の差は重大です。いまから２０００年後にドラッカーが読まれているとは、到底考えられないのです。２０００年間読み継がれてきたということの重みを、いま一度考えるべきです。

ドラッカーを読んでいる人に対して、また、つぎからつぎへと現れるビジネス書に追い回されているビジネスパーソンの方々に対して、私は、「なぜ聖書を読まないのか？　こちらのほうがずっと役に立つのに」とアドバイスしたい気持ちです。

なぜ、聖書は書店のビジネス書のコーナーに置かれていないのでしょうか？　不思議な

＊―ただし、キリスト教がかくも多くの信者を獲得できたのは、聖書の力だけによるのではありません。カトリック教会の布教方法（いまの言葉で言えば「ビジネスモデル」）に成功の大きな原因がありました。

そして、ローマ・カトリック教会の教義には、福音書で伝えられるイエスの説教とは異質の要素があります。これは、吉本隆明が「マチウ書試論」（『マチウ書試論・転向論』所収、講談社文芸文庫、１９９０年）で指摘していることです。

しかし、カトリック教会も、福音書を大いに利用していることに注意が必要です。

ことです。

聖書をビジネス書として読めるのは、非キリスト教徒の特権

聖書に魂の救いを求めるのでなく、ビジネス書ないしは説得のノウハウ書と見做《みな》すのは、キリスト教徒から見れば、許しがたい冒瀆《ぼうとく》行為ということになるでしょう。神聖な福音書を取り上げて「説得法の教科書だ」とか、「最高のビジネス書だ」などと言えるのは、私がキリスト教徒でないからです。そのため、聖書を客観的に見ることができるのです。

聖書を説得法の教科書として利用できるのは、非キリスト教徒の特権です。この特権を、最大限に活用しようではありませんか。

では、具体的にどのような意味において聖書が説得法の教科書になっているのでしょうか？　それについて、以下に述べます。

3　イエスの説得力の秘密は比喩にある

巧みな比喩で、複雑な概念を伝えた

イエスが説教において用いたテクニックは、比喩です。

イエスは、伝道にあたって、多くの比喩を用いました。というより、イエスの説教のほとんどにおいて、比喩が登場するのです。実際、聖書に、つぎのように書いてあります。

　イエスすべて此等《これら》のことを、譬《たとへ》にて群衆に語りたまふ、譬ならでは何事も語り給はず。

（『我らの主なる救主イエス・キリストの新約聖書』改訳、日本聖書協会、マタイ伝、第13章、34）

そして、「なぜ譬《たと》えで言うのでしょうか？」との弟子たちの質問に対して、イエスは、「人々は理解力が低いからだ」と答えています。

確かに、比喩を用いれば、複雑な概念を分かりやすく伝えることができます。説得において、巧みな比喩は極めて有用で強力な武器なのです。

例えば、イエスは、「新しい葡萄《ぶどう》酒を古い皮袋に入れてはいけない」と言っています（マタイ伝、第9章、17）。

「大事なものや新奇な発想は、それにふさわしい環境に置け。そうしないと真価が発揮されない」と抽象的に言うよりは、ずっとよく分かります。葡萄酒も皮袋も日常的なものですから、「新しい葡萄酒でも古い皮袋に入れれば、まずくなる」ということが、誰にでも、直ちに分かるのです。

あるいは、「金持ちが天国に迎えられるのは、ラクダが針の穴を通るより難しい」とも言っています（マタイ伝、第19章、24）。

ラクダは、中近東ではごく普通に見られる動物で、しかもかなり大きいので、「これが針の穴を通るのは難しい」と直ちに理解できたでしょう。そして、貧しい人たちは、「自分たちは貧しいが幸せだ」と感じたことでしょう。

また、「わたしはぶどうの木で、あなたがたはその枝。もし人がわたしにつながっており、またわたしがその人とつながっていれば、その人は実をゆたかに結ぶ」（ヨハネ伝、第15章、5）と言っています。

これを聞いた弟子たちは、葡萄の木を想像して、イエスとのつながりを実感し、連帯感を強めたに違いありません。

葡萄の木には太い幹があり、幹や枝は複雑に曲がったり、絡み合ったりしています。つながっていないようにも見えるが、実はつながっています。そして、沢山の実がなっています。だから、「イエスと弟子たち」というイメージに結びつくのです。

もし、百合の花を持ち出したらどうでしょうか？　あまりに単純な構造の植物なので、「イエスと弟子たち」という関係は想像できないでしょう。

比喩は、われわれも、さまざまなところで利用できます。

例えば、経済政策の議論をしているとき、「経済構造の改革とは手術のようなものだが、痛みを伴う。そのため、金融政策という麻薬が使われがちだ。しかし、それでは病気は重くなるばかりだから、痛みを伴うにしても構造改革が必要だ」といった主張をすれば、理解されやすく、したがって支持も集まるでしょう。

4　「種蒔く人」のトリック

「種蒔く人」の比喩がなぜ説得的なのか

聖書の比喩の中で最も有名なのは、「種蒔《ま》く人」でしょう（マタイ伝、第13章、4－9）。

これは、ミレーやゴッホが絵画で描いていますし、岩波書店のマークにもなっています。

ここでイエスは、布教活動を麦の種を蒔くことに譬えて、「路の傍らに落ちた種は、鳥が食べてしまう。石の地に落ちた種は、芽が出るけれども枯れる。よい土地に落ちた種は、実って何十倍にもなる」と言います。

イエスが弟子たちに解説したところでは、これはつぎのような意味です。路の傍らに落ちた種とは、悪い人が来て、信仰を邪魔する場合です。石の地に落ちた種とは、教えを聞いたときには喜ぶが、身に災いなどが生じるとすぐに信仰が潰《つい》えてしまう場合です。そして、よい土地に落ちた種とは、教えを聞いて悟り、信仰が育つ場合です。

この比喩も効果的です。

仮に、「信仰が挫折する場合もある」と抽象的に言われただけであれば、「ああそうか」と聞き流されてしまったことでしょう。

しかし、「鳥に食べられる」とか「折角芽が出たのに、途中で枯れてしまう」と具体的なイメージを示されたので、弟子たちはその様子を想像することができました。そして、「何と残念なことだろう」と感じ、「そうなりたくない」と心を固めたのです。

「すり替え詐欺」のようなもの（その1）

ここで、つぎの点に注意してください。

それは、「信仰と麦をなぜ同一視してよいのかは、説明されていない」ということです。「屁理屈《へりくつ》」と思われるでしょうが、つぎのように考えてみましょう。

仮に信仰が、麦のように有用なものではなく、雑草のように有害なものであるとしましょう。そうであれば、鳥に食べられたり、石の地に落ちて枯れてしまうのは、むしろ望ましいことだと言えるでしょう。

「信仰を育てるのは重要だ。途中で枯らしてはならない」という結論は、「信仰は麦のように有用」ということを認めるからこそ、導かれるものなのです。

では、なぜ「信仰は麦のように有用なもの」なのでしょうか？

このことは、説明されていません。

最も重要なポイントは、「信仰は麦のように有用なものである」のか、それとも、「信仰は雑草のように有害なものである」のか、ということなのです。

それにもかかわらず、イエスは、証明なしに「信仰は麦のように有用なものである」と仮定して話を進めているだけなのです。

つまり、「なぜ信仰は有用なのでしょうか？」という最も重要な問いに対して、イエスは何も語っていないのです。「有用であると信ぜよ」と言っているだけです。

したがって、「種蒔く人」の譬えは、よくよく考えてみれば、錯覚を利用したトリックです。

あるいは、言葉は悪いですが、「すり替え詐欺」のようなものです。「信仰」という評価が難しいものを、明らかに有用である「麦」にすり替えたのです。

なお、イエスを弁護するために付け加えますが、これは「種蒔く人」にかぎったことではありません。どんな比喩も、程度の差こそあれ、同じ性質を持っています。

つまり、同一視できるかどうかが自明ではないものを比喩の対象として選び、問題とすべきことを比喩にすり替えてしまうのです。ですから、比喩はもともとトリックなのです。

イエスは、「信仰が有用である」ことを証明なしに人々に納得させるために、比喩を用いたのです。

それにもかかわらず、イエスの説教の何と力強いことでしょう！

これは、「魔術」としか言いようのないテクニックです。

5 「一粒の麦」：麦が死ねば芽は出ないはずだが……

「すり替え詐欺」のようなもの（その2）

「比喩によってすり替えた」というケースは、他にもあります。

例えば、「一粒の麦」の譬えです。これは、アンドレ・ジッドの小説のタイトルにもなっている有名な譬えです。

イエスは言います。

誠にまことに汝らに告ぐ、一粒の麥、地に落ちて死なずば、唯一《ただひとつ》にて在《あ》らん、もし死なば、多くの果《み》を結ぶべし。

（ヨハネ伝、第12章、25）

ここでイエスは、麦が発芽前の状態にあることを「死なずば」と表現しています。それは正しい表現ですが、発芽後の状態を、「死なば」と表現しているのです。「元の麦粒の形態ではなくなった」という意味で、「死んだ」と言っているのでしょう。

しかし、生物学的に言えば、これは明らかに誤りです。

麦が死んでしまえば、芽は出ないはずです。麦から芽が出て実がなるのは、麦が死ななかったからです。

弟子たちも、いかに「理解力が低い」といったところで、そのくらいのことは知っているでしょう。

発芽した麦は、生物学的に言えば死んでいない。そのことは弟子たちも知っています。しかし他方において、何かを成し遂げるために自己犠牲が必要になる場合があることも、薄々とは感じています。

イエスは、弟子たちの後者の心理状態を利用して、生きている麦を死んだ麦にすり替えてしまったのです（この場合の「すり替え」は、「種蒔く人」の場合の「すり替え」とは別の種類のものです）。

つまり、自己犠牲が必要な状態を、生物学的な死に置き換えたのです。

目にもとまらぬ早業。あっという間の瞬間技で、「お見事」としか言いようがありません。

弟子たちは、イエスのイメージ操作にまんまと乗せられたことになります。

死んでいない麦が死んだ麦にすり替えられたわけですから、俗世間の言葉で言うと、弟子たちは「すり替え詐欺」に引っかかったことになります。

論理的に正しいだけでは、力強くない

しかし、それにもかかわらず、イエスの言葉の力強さには圧倒されます。

なぜなら、これは、自己犠牲を讃《たた》えているからです。

イエスはこれに続いて、つぎのように言います。

> 己《おの》が生命《いのち》を愛する者は、これを失ひ、この世にてその生命を憎む者は、之を保ちて永遠《とこしへ》の生命に至るべし。

これがイエスの言いたかったことの正確な表現であり、論理的には正しい内容になっています。

しかし、これだけを言われたとしたら、どうでしょうか？

「そうですねえ」とは感じるでしょうが、格別強い印象は受けません。ましてや、進んで自らの生命を犠牲にして永遠の生命を得ようという気持ちにはならないでしょう。

メッセージが力強くなっているのは、「一粒の麦」の譬えがその前に登場しているからなのです。

しかし、もう一度考えてみてください。本当のことを言えば、芽を出した麦は死んでいないわけで、したがって自己犠牲はしていないのです。

もし麦に意思があるとして、芽を出すことは、犠牲でしょうか？

麦は、芽を出さないままでいたいと願っているのでしょうか？

そうではなく、芽を出そうと願っているのではないのか？

そうだとすると、麦は単に願望を満たしただけではないか？

しかし、イエスの説教を聞いてこんなことを言う人はいないでしょう。

これこそが、聖書における比喩の本質なのです。比喩によって別の世界に引きずり込まれるために、説教が力強いものになり、折伏《しゃくぶく》されてしまうのです。

この教えを聞いたとき、われわれは自己犠牲の尊さに感動するだけではありません。

ひどい状況に陥り、痛めつけられて、ダメになってしまいそうなときがあります。そのときに、この教えを聞けば、「これまでのような生活を続けていたのではいけない。ここで死んだような気持ちになろう。そして再出発すれば、やがてもっと多くの実を結ぶことができるだろう」と力づけられることもあります。

6 「野の百合を思へ」のトリック

明日爐に投げ入れらるる野の草をも、神は斯く装ひ給へば

百合を思ひ見よ、紡がず、織らざるなり。然《さ》れど我なんぢらに告ぐ、榮華を極めたるソロモンだに其《そ》の服装《よそほひ》この花の一つにも及《し》かざりき。今日ありて、明日爐《ろ》に投げ入れらるる野の草をも、神は斯《か》く装《よそほ》ひ給へば、況《まし》て汝らをや、ああ信仰うすき者よ。

（ルカ伝、第12章、27－28）

これも、誠に感動的な場面です。聖書の中で、私が最も素晴らしいと思う箇所です。

このとき、イエスは弟子たちとともに、暖かい春の日差しの下、野で車座を作って座っていたのでしょう。目をつぶると、その状況がいきいきと想像されます。私もその一員になって、イエスの教えに耳を傾けている気持ちになります。

側には、野の百合が咲いていました。その美しさを見て、「どんなに豪華な衣装も、この百合には敵《かな》わない」と、弟子たちの誰もが即座に納得できました。

粗末な身なりの彼らは、イエスの言葉を聞いて百合の美しさをあらためて愛《め》で、そして、負け惜しみではなく、「自分たちはソロモンより恵まれている」と、心の底から誇らしい気持ちになったに違いありません。

どこにトリックがあるか?

ところが、この教えには、よくよく考えると、トリックが含まれているのです。説明すると、つぎの通りです。

イエスは、まず、ソロモンの所有物である「服装」と、弟子の所有物であるとみなせる「野の百合」を比較し、「ソロモンの服装より百合が優れている」と言いました（「其の服装この花の一つにも及かざりき」）。これを「第1命題」と呼びましょう。

そしてつぎに、「況て汝らをや」と言いました。つまり、「弟子は、その所有物である百合より優れている」ということです。これを「第2命題」と呼びましょう。

この2つの命題から論理学の推移律によって導かれる結論は、「弟子は、ソロモンの服装より優れている」ということです。

しかし、弟子たち（および聖書を読む人々）が幸せに満ちた心理状態に導かれるのは、この結論のためではありません。

「われわれはソロモンより優れている（あるいは恵まれている）」と感じるからです。

しかし、その結論は、第1命題と第2命題から論理的に導くことはできません。弟子たちは、錯覚によって幸せになっただけです。

このとき、弟子たちの心理では、「ソロモンと衣装は別のものであり、弟子と百合とは別のものである」という区別が薄らいでしまっています。

そして、「ソロモン・衣装組と弟子・百合組の対立」という、論理的には曖昧な区別になっていたのです。

イエスは、この認識の曖昧さを、巧みに利用しました。

論理的に正しい命題では説得力がない

ここで、やや強引ですが、「所有物の優劣は、持ち主の優劣（ないしは幸福度）を決める」という命題を認めるとしましょう。

そうすれば、確かに「弟子はソロモンより優れている（あるいは恵まれている）」という結論になります。

しかし、よく考えてください。右の強引な命題を認めるかぎり、先の結論を導くには、第1命題だけがあればよいのです。第2命題は必要ありません。

説明すれば、つぎの通りです。

まず、強引命題「所有物の優劣は、持ち主の優劣を決める」。

つぎに、第1命題「ソロモンの所有物である服装より、弟子の所有物である百合が優れている」。

結論「ソロモンより弟子が優れている（あるいは恵まれている）」。

では、第1命題だけの場合と聖書を比べてみましょう。どちらが力強いでしょうか？

明らかに聖書です。

なぜでしょうか？

前記のように第1命題「野の百合はソロモンの服装より優れている」だけを示して、「だから、弟子はソロモンより恵まれている」と納得させるのは無理なのです。

そうさせようとすれば、「所有物の優劣は持ち主の優劣を決める」という命題が強引なものであることが目立ってしまいます。

聖書におけるイエスは、それを隠ぺいするために第2命題を持ち出したのです。

この章で取り上げた説法が論理的におかしいことは、これまで多くの人が気づいていたに違いありません。

しかし、それが神学上の論議の対象になったという話は、聞いたことがありません。これらのトリックは、２０００年もの間、容認され続けてきたのです。

私がここで言ったことは、くだらない「屁理屈」としてしか扱われないでしょう。

第2章 ビジネス書を読むより『戦争と平和』を読もう

1 500人の登場人物が繰り広げる壮大なドラマ

この壮大な物語は、どんな資産より価値が高い

『戦争と平和』は、1863年から1869年にかけて執筆されたトルストイの代表作です。

ナポレオンのロシア侵攻によって引き起こされた世界史の大きな流れと、貴族の家庭（ボルコンスキイ家、ロストフ家、ベズーホフ家、クラーギン家）の出来事を2つの軸として、壮大な物語が展開されます。

ロシア革命の100年前、ロシアの貴族社会は確固たる存在であり、この物語に登場す

るのも、ほとんど貴族です。フランス語を日常的に使用しており、会話にフランス語が交じっています。主人公もロシア人なのに「ピエール」というフランス名。

極めて多数の人物（５００人を超えると言われます）が登場するので、一つの独立した世界を形成しています。

普段は忘れていても、本を開けば、いつでもこの世界に入り込めます。そして、ナターシャやアンドレイ、ピエールやマリヤがいきいきと動き回っている世界に溶け込むことができます！　何と素晴らしいことでしょう。

私は、いままでは格別意識していなかったのですが、この文章を書くにあたって『戦争と平和』を久しぶりに開き、このような世界を持っていることを本当に幸せだと、しみじみと感じました。

私が持っている『戦争と平和』の上下2冊の本は、金持ちの人が持っている高価な宝石や多額の金融資産より、遥かに価値が高いものです。

登場人物たち：ピエール、アンドレイ、ナターシャ

最初に、物語のあらすじを紹介しておきましょう。

ベズーホフ家では、老伯爵の急死によって、庶子であるピエールが莫大な財産を相続しました。彼はお人好《ひとよ》しで太っちょで、不器用。突然大富豪になってしまったのですが、人生の目的を把握できずにいます。

ボルコンスキイ家のニコライ老公爵は、前皇帝の重臣。息子のアンドレイは勇敢な軍人で、ナポレオンに憧れています。妹のマリヤは信心深いキリスト教徒。

アンドレイはオーストリア戦線に出征し、クトゥーゾフ元帥の副官として活躍します。アウステルリッツの戦いで負傷しますが、生きていることにナポレオンが気づき、フランス軍の捕虜にされます。この戦いには、ロストフ伯爵家のニコライも出征し、腕を負傷しました。

アンドレイは捕虜生活を終えて領地「禿山《はげやま》」に帰りましたが、妻リーザは出産後に死亡します。

ロストフ家を訪れたアンドレイは、ナターシャと会って、生きる喜びを取り戻します。ナターシャはニコライの妹。無邪気で天真爛漫な少女です。アンドレイはペテルブルグに戻り、軍規制定委員会と法律制定委員会に参画します。

一方、ピエールは、クラーギン家のエレンと結婚します。彼女は絶世の美女で社交界の花形。財産目当てでピエールと結婚したのですが、結婚生活は最初からうまくいかず、エレンは放蕩《ほうとう》生活から抜け出せません。そして、誤って服毒死。

アンドレイはナターシャと婚約しますが、老公爵は結婚に反対。2人は離れて暮らすうちに、希薄な関係になってしまいます。エレンの兄アナトーリがナターシャに近づき、彼女を誘惑して駆け落ちを図りますが、失敗。ピエールはナターシャに愛を告白します。

ナポレオン戦争によって翻弄される人々

１８１２年、ナポレオンがロシア侵攻を開始。アンドレイは戦場に復帰します。スモレンスクが陥落し、ボルコンスキイ家の領地にフランス軍が迫ります。

老公爵が死去して領民の暴動が起こりますが、マリヤは脱出。ニコライに助けられ、彼と結ばれます。

ボロジノ会戦で、アンドレイは重傷を負い、アナトーリは死亡。

フランス軍がモスクワに入り、略奪や大火が発生します。ナターシャは、重傷のため後方に送られるアンドレイと再会。

ピエールは、ナポレオンの暗殺を企てますが、失敗。逃げる途中で略奪兵の暴行を阻止しようとして争い、フランス軍に逮捕されます。

ナポレオンはモスクワを放棄し、フランス軍は壊走。

マリヤは、死に瀕《ひん》した兄アンドレイの消息をニコライを通じて知り、再会しますが、アンドレイは死亡します。

ピエールは、捕虜生活の中で精神的に大きく成長しました。モスクワに帰還し、訪問したマリヤ宅でナターシャと再会。ナターシャは、アンドレイの死の様子を語ります。ピエールとナターシャは、お互いへの愛を悟りました。

社交界で人望を集めるピエール、少女から母へと変身したナターシャ。ロストフ家の財政を立て直したニコライとマリヤ。エピローグ第1部では、これらの人々のそれぞれの家庭が描かれます。

2 ナポレオンの指令は実行されなかった

ボロジノ会戦でロシア軍が撤退

『戦争と平和』のクライマックスは、第3編、第4編で、ナポレオン率いる大陸軍と、クトゥーゾフが率いるロシア軍との間で行なわれたボロジノ会戦です。

クトゥーゾフは大陸軍をモスクワ西方120キロメートルまで引きつけ、スモレンスクからモスクワにいたる街道上の町ボロジノで迎え撃ちました。

両軍とも弾薬を消耗し尽くして、戦いは終息しました。戦死傷者は大陸軍3万3000、ロシア軍4万4000に及びました。

クトゥーゾフはロシア軍に撤退を命じ、大陸軍はモスクワに入城しました。

ナポレオンの作戦指令は、一つとして実行に移されなかった

トルストイは、ナポレオンとクトゥーゾフという2人の指揮官を、対照的な人物として描写しています。

ナポレオンは戦場を精力的に巡視し、地形を観察して周到に戦闘計画を練ります。

> 八月二十五日をナポレオンは終日、馬上ですごし、地形を視察したり、元帥たちの提出する計画を審議したり、将軍たちに自ら命令を授けたりしていた。
>
> （『世界文学大系　第39』中村融訳、筑摩書房、1959年、第3編、第2部、27）

ロシアの歴史家さえ、彼を偉大な指導者、天才的な戦争指揮官と評価せざるをえません。しかし、トルストイによれば、ナポレオンの天才的な作戦指令は、戦場において一つとして実行に移されることはありませんでした。

その指令は一つとして実行されるはずもなく、また現に実行されなかった。

トルストイは、この言葉を何度も繰り返し、その理由を詳細に説明しています。なぜ実行されるはずはないのか？
それは、60万人とも言われる巨大な軍勢を率いたナポレオンの本営は、終始戦場から遠くに位置していたため、いかにナポレオンが精力的に巡視して地形を観察したところで、その時々のリアルな戦況は知りえなかったからです。
そして、現実の戦闘の結果は、戦闘に参加する個々の兵士たちの瞬間ごとの判断によって決まるからです。

〝老いぼれ〟クトゥーゾフだけが歴史法則を洞察しえた

ロシアの総指揮官クトゥーゾフ将軍は、作戦会議で居眠りをしてしまうほどの老いぼれで、皇帝のおぼえも将官の評判も芳しくありません。

歴史家も彼を評価しません。しかし、戦争全体の運動法則を正しく把握していたのは、彼だけだったのです。

周囲のすべての将軍たちの意見に反して、ボロジノ戦は勝利であり、モスクワを失ってもロシアを失ったことにはならないと確言しました。

そして、フランス軍が退却しつつあったとき、彼一人だけが、決して追撃してはならぬと主張しました。クトゥーゾフだけが、歴史法則を正しく洞察しえたのです。

大量の情報でなく、背後の運動法則を把握できたか？

これから分かるのは、沢山の情報を持っているからといって、事態の本質を正確に評価できるとはかぎらないことです。

重要なのは、大量の情報ではなく、背後にある運動法則を正しく把握できるかどうかなのです。

身近なことを見ても、そうです。事態を把握しているのは、渦中にいる人ではなく、一歩引いて冷静に観察できる人です。昔から「傍目《おかめ》八目《はちもく》」と言いますが、その通りなのです。あまりに多くのニュースに取り囲まれると、何が重要で何が重要でないかを的確に区別できなくなってしまいます。「情報量が多いほど事態を正確に把握できる」とはかぎらず、普通はむしろ逆なのです。

インターネットの普及によって、情報過多現象は加速しました。いまや、世界中のニュースを、あたかも現地にいるのと同じように知ることができます。距離の制約はほとんど消滅しました。

しかし、これによって世界の状況をより的確に把握できるようになったかといえば、必ずしもそうではありません。むしろ、大量の情報に翻弄《ほんろう》されて、真の状況が把握できなくなっている可能性が高いのです。

経済状況の把握についても、同じことが言えます。われわれは、いまや、経済指標が時々刻々と変化するのを観察できます。例えば、株価や為替レートの動きを、ほぼリアルタイムで知ることができます。外国の経済指標も簡単に分かります。しかし、だからといって、経済の状況がより的確に把握できるようになったわけではありません。

不完全情報下で、人や組織はどのように行動するか

以上で述べたことは、実は、経済学の基本的な問題にかかわるものです。

それは、「完全な情報が得られない環境の中で、人々や組織はどのように行動するか」という問題です。

この問題を経済学者が明確に意識するようになったのは、１９３０年頃のことで、登場しつつあった社会主義経済をめぐる議論においてでした。そして、フリードリッヒ・フォン・ハイエックなどによる精緻《せいち》な議論が展開されました。

これをきっかけにして、情報を明示的に考慮した経済モデルが考えられるようになったのです。「情報」は、経済学の重要な研究対象になりました。

19世紀中頃の時点において、すでにこうした問題の重要性を見抜いていたトルストイの慧眼《けいがん》は、驚くべきものです。

トルストイが描く戦場の指揮官の行動は、ジェームズ・マーチやハーバート・サイモンの組織論における「限定合理性」と通ずるところがあります。巨大組織においては、現場の状況をすべて把握して意思決定がなされるわけではないのです。

トルストイが書いたのは戦場の状況ですが、企業の現場も同じです。状況変化のスピードが激しい戦場では、情報が不十分な中での意思決定が求められます。この状況は、現代企業の現場と本質的に同じものです。

経営書を１００冊読むよりは、『戦争と平和』を読むほうが、経営には遥かに有益でしょう。

3　歴史の必然と人間の自由意志

人間社会は歴史的必然にしたがって動く

トルストイは、ナポレオンという天才が指揮したフランス軍が勝利を得られなかった原因について考察し、戦争の勝敗は指揮官の命令の良し悪しによるのではなく、民族個々人の「意志の総和」によるものだとして、それを受け止められる指揮官の存在が重要だと書いています。

トルストイが『戦争と平和』で述べている考えによれば、人間社会は、「歴史的必然」にしたがって動くのです。戦場における勝敗の帰趨《きすう》や国家の命運は、民族の特性によって決まるのであって、特定の個人の「天才的指導力」によって左右されるのではありません。この考えは「歴史主義」と言われます。

ナポレオンは、戦場を詳しく視察し、戦闘が始まると、その時々の情勢に合わせて天才的な指令を発しました。

しかし、すでに述べたように、トルストイによれば、それらの指令は前線の兵士に届くはずもなかったし、実際届きませんでした。

そして、届いたとしても意味がありませんでした。なぜなら、戦闘はナポレオンの指示とは関わりなく進行したからです。そして、戦闘の勝敗は、ナポレオンの指示によってではなく、兵士たちがどのように戦ったかによって決まったのです。

すなわち、歴史は、ナポレオンという固有名詞を持つ人が作ったのではなく、人々の集合体が作り出したのです。

歴史が必然なら、人間の自由意志はあるか？

だから、「ボロジノ会戦時にナポレオンが鼻風邪を引いていなかったら、彼の指令はいっそう天才的なものとなり、ロシアは滅びて世界の様相は一変したであろう」という考えは、「事実に相違して、馬鹿げている」とトルストイは言います。

「世界的事件の進行は天のあらかじめ定めるところであって、その事件に関わりを持つ人々の総意の一致によるものであり、したがって、この場合の事件の進展に対するナポレオンの影響などは、単に外面的、架空的なものにすぎない」というのです。

そして、クトゥーゾフがモスクワ放棄を命じたのも、モスクワの富裕な人々が財産を捨ててモスクワから立ち退いたのも、モスクワが焼き払われたのも、トルストイによれば歴史の必然です。

さらに、空になったモスクワに吸い込まれたフランス軍が、突如として退却と遁走《とんそう》を始め、「数字的に正確な加速度で同じ分量ずつ溶けていった」のも、歴史的必然です（トルストイは、これらがなぜ必然であったのかを、詳しく説明しています）。

したがって、「自由と必然」という歴史学の最大の難問に対する答えは、つぎのようなことにしかなりえないのです。

> もし万人の意思が自由だとするなら、つまり、人は誰でも欲するままに行動できるものとするならば、およそ歴史などというものは、なんらの関連もない偶然の連続に

しかすぎない。

もし人々の行動を支配する法則がたとえ一つでもあるとすれば、自由な意思というものはありえない。なぜなら、その時は人々の意思はこの法則に従わなければならないからである。

（『世界文学大系　第39』中村融訳、筑摩書房、1959年、エピローグ第2部、8）

未来を主体的に選択できるか？

「歴史法則があるかどうか？」というのは、社会科学の基本的な方法論に関する実に深遠な問題提起です。いまだに論争が続いています。

私自身も、この問題については、揺れ動いていると言わざるをえません。

カール・ポパーの『歴史主義の貧困』を読んで、マルクス主義的な歴史主義に対する大きな懐疑心を確認したのと同時に、社会の動きを見ると、「歴史を簡単には変えられない」という思いを強くせざるをえないのです。

企業も軍と同じです。日本の歴史も、世界の歴史も、必然の法則にしたがって動いているとしか思えないのです。

歴史家の仕事とは何でしょうか？　資料の山を掻《か》き分け、興味を引く事件を取り出し、それらを並べるだけのことでしょうか？　それは、トルストイが言うところの「なんらの関連もない偶然の連続」を作ることです。

しかし、歴史家の意図は、多分そうではないでしょう。彼らは、歴史を動かす運動法則を見出《みいだ》そうとしているのです。

しかし、仮に歴史家がその仕事に成功したとすると、それは、未来の進路に影響を与えたいと願うわれわれの希望を押しつぶすことになります。

なぜなら、未来の経路がすでに決まっているのだとすれば、「未来を主体的に選択する」などとは、愚かしいたわごとにすぎないからです。

もちろん、未来の経路の具体的な姿を、いまのわれわれが知りうるわけではありません。

しかし、過去の歴史を支配した法則は、現在を出発点として、将来に向かって間違いなくその力を発揮するはずです。

それどころではありません。歴史が必然法則にしたがって動くのだとすれば、そこから「教訓を汲《く》み取る」など、原理的に不可能なことです。

そうだとすれば、そもそも、歴史を書こうとする試み自体が無意味なものになってしまうではないか……この難問に対して、私は満足のゆく答えを出すことができません。

戦後日本経済史の必然

バブルの歴史を振り返っても、同じ結論に到達せざるをえません。「あのときこうしていれば、会社は破綻しなかった」と考えられる場面がいくつかありました。しかし、実際には、そうならなかった。「ならなかった」という点が重要です。

１９８０年代、獲得預金額で昇進が決まる銀行の支店で、「こんなことばかりやっていたら、銀行はおかしくなる」と、誰が公言できたでしょう？　組織に生きる人々は、組織の方針にしたがって仕事をせざるをえません。だから、バブルの中で、どの銀行もどの証券会社も、同じようなことをやったのです。

１９９０年代には、日本のいくつかの大手証券会社や長期信用銀行が破綻しました。

しかし、破綻した組織の中にも、ビジネスモデルの転換を熱心に主張した人がいたことに注意が必要です。問題は、それらの人々が組織内で権力を握れなかったことです。つまり破綻した金融機関は、破綻を回避できるようなトップを選べず、現場の情報を意思決定に反映できなかったということです。

改革を叫んだ人たちの主張は実現しなかったのです。なぜなら、日本の組織は、そうした改革を受け入れて実行するような構造にはなっていないからです。だから、バブルの発生も崩壊も、それへの対応も、歴史の必然だったのです。

もちろん、経営者は企業の方針を決められます（それこそが経営者の役割です）。しかし、決定できるのは、極めて限定された範囲内です。

それに、多くの人が望む内容の決定をする人が経営者に選ばれるのですから、会社も、トルストイが言う通り「関わりを持つ人々の総意の一致」によって動いていることになります。

以上で述べたことは、バブルにかぎったことではありません。経済史の全体がそうです。日本の経済が、なぜこのような経路を辿《たど》らなければならなかったか。なぜなら、それらのすべては、歴史的必然の法則にしたがうものだったからです。

政治家の活動に注目する人には、駆け引きや、合従連衡《がっしょうれんこう》や、対立などの場面で、政治家は自由意志で動いているように見えるかもしれません。しかし、経済的な観点から見ると、それらの人々は操り人形にしか見えません。実際に歴史に登場した人々が仮にいなかったとしても、別の名前の人がほぼ同じようなことをしたでしょう。その結果、日本経済史は、実際にあったのとほとんど同じ経路を辿ったことでしょう。個人の自由意志など、蟷螂《とうろう》の斧《おの》と考えざるをえないのです。

世界史の歴史的必然

個人の意思と実行力が歴史を塗り替えたと言われる事例がいくつもあります。現代で言えば、１９８０年代にマーガレット・サッチャーがイギリス社会を根本から変えたことです。しかし、トルストイ的歴史観によれば、それは見かけ上のものにすぎません。

仮にサッチャーが現れなくとも、彼女と同じように国営企業を民営化し、労働組合と闘った別の人が現れたはずです。その結果、イギリスは、実際にそうであったのと同じように変貌したでしょう。つまり、イギリス社会がそのような政治家を必要とし、生み出したのです。

仮にミハイル・ゴルバチョフが生まれなかったとしても、彼と同じようにペレストロイカを進めた指導者が、衰退するソ連に現れたはずです。アドルフ・ヒトラーやヨシフ・スターリンについても、同じことが言えます。

私も、長い間、トルストイの言う通りだと思っていました。歴史上のさまざまな事件について、人々は、個人の役割をあまりに強調しすぎる。大局的な歴史は、特定の名前の人物がいてもいなくても、実際にあったように進行したに違いない。偉人と言われる人々も、所詮は、お釈迦《しゃか》様の手の平の上で暴れまわる孫悟空だ……このように考えていました。

しかし、その後、ローマ帝国を建設したアウグストゥスの業績を知るに及んで、彼だけは歴史法則の例外ではないか、と思うようになりました。

カール・ポパーは、マルクス主義の運命論的歴史観を排し、人間の自由意志による社会の建設が可能だと主張しました。ローマ帝国という壮大なモデルを作り上げたアウグストゥスこそ、ポパーの言う「社会工学」を最初に実践し、最大の成果を挙げた人だったと言えるでしょう。

トルストイがアウグストゥスについてどう考えていたのか、是非知りたいものです。

4　老公爵はなぜ高等数学に没頭していたのか？

人間の徳行はただ2つ。勤勉と知識

私は、これまで『戦争と平和』を2度通読しました。

最初は、高校２年生のとき。級友の一人が「『戦争と平和』は小学生のときに読んだ」と言ったのを聞いて、対抗上、遅ればせながら読んだのです。

これは、世界文学全集の後ろに、日付入りの署名があるので、間違いありません（ちなみに、この本の定価は三百八拾五円。地方定価が三百九拾円とあります）。

２度目は、いつだったか、正確な記憶がありません。

その後も、折に触れてところどころを拾い読みするのですが、若いときには何気なく読んでしまったにもかかわらず、その後、大いに気になったところがいくつかあります。

その一つが、ニコライ・ボルコンスキイ公爵を巡る挿話です。

彼は、領地にこもって高等数学の勉強に没頭しています。

彼の口癖は、「人間の悪徳の源はただ２つ。怠惰と迷信である。また、徳行もただ２つ。勤勉と知識である」（私はこの考えに１００％賛成です）。

そして、令嬢マリヤに数学の勉強を強制します。学生時代にこれを読んだとき、「なんたる変人！」と思いました。しかし、いまでは公爵の気持ちはよく分かります。

「神はたくらみ深いが、悪意を持たない」

このように考えるようになったきっかけは、アルバート・アインシュタインの「神はたくらみ深いが、悪意を持たない」という言葉を知ったことです。

この言葉は、プリンストン大学数学科ホールの大理石に刻まれています。神が創造した宇宙は決して単純なものではなく、その秘密を人間は容易に解き明かすことができません。宇宙の深遠な原理は、人間の目からは隠されているのです。

しかし、それが見えないのは、人間の能力が足りないからです。神が悪巧みをして科学者を罠《わな》にかけようとしたり、彼らを欺くために偽りのデータを示しているからではありません。

私がこの言葉の意味（とくに、「悪意がない」のが、なぜそれほど重要なのか）を理解できるようになったのは、50代になってからのことです。それは、人間の悪意がいかに醜いものかを、実際の体験として知ったからです。

ボルコンスキイ公爵は、人間が悪意に満ちて人を欺く存在であることを、嫌と言うほど思い知らされたに違いありません。ですから、たくらみ深く、そして悪意が存在しない対象を強く求めたのでしょう。

マリヤが数学に興味を示さないのは、彼女にはそうした経験がないからでしょう。

「禿山」とはいったいどんなところなのか？

ところで、ボルコンスキイ公爵家の領地、「禿山」とはいったいどんなところなのでしょう？　そして、そこにある公爵家の邸宅は？

「禿山」という名から、私は、荒涼たる山奥にある石造りの大邸宅だと思っていました。死に直面したリーザの叫び声が屋敷中に響いたとの描写が頭にこびりついていたために、石の冷たい建物を想像したのだと思います。

実際には、禿山は、トルストイが生まれたヤースナヤ・ポリャーナだと言われています（トルストイは、１８２８年に、モスクワの南２００キロメートルほどのところにあるヤースナヤ・ポリャーナで、伯爵家の四男として生まれました）。

そして、ボルコンスキイ老公爵は、トルストイの母方の祖父がモデルだと言われているのです。

禿山という名とは異なり、緑に囲まれたのどかな地です。私は山の上に建っている宮殿のような建物を想像していたのですが、実際には、大きくはあるけれど、平地にある普通の建築物で、木造のように見えます。

しかも、私は理由もなく、モスクワからずっと離れたウラルの近くだと思っていました。老公爵が世を捨てて隠遁《いんとん》しているということから、そうした想像をしていたのです。しかし、実際には、モスクワの南です。

物語の中で、ボロジノ会戦後にボルコンスキイ家の領地にナポレオン軍が侵入するとあるのですから、ウラルであるはずはないのですが……。

このような誤りに陥ったのは、ロシアの地理を正確に把握しておらず、ボロジノがどこにあるかを知らなかったためです（私は、高校時代に世界史を選択しなかったので、ナポレオン戦争のことも、ごくおぼろげにしか把握していなかったのです）。

主人公たちは何歳か？

ところで、この物語の主人公たちの歳《とし》はいくつなのでしょう？

はっきり書いてあるのは、ナターシャ。登場したときに、「十三、四歳の女の子が部屋のなかに駆け込んできた」とあります。

その兄のニコライが大学生。ピエールについては、20歳まで外国で過ごしたとの記述があります。また、ボルコンスキイ老公爵は、マリヤが20歳になるまで数学の授業をさずけたとあります。

こうしたことから考えると、ピエールもアンドレイも20代か、せいぜい30代のはじめでしょう。

これを読んだ高校2年生のときは、ナターシャ以外は、すべて年上の人たちだと思っていました。とりわけ、アンドレイは、「かなり年上の立派な人」と思っていました（なにしろ、クトゥーゾフ将軍の副官ですから）。しかし、いま思えば、若造だらけです。ボルコンスキイ「老」公爵ですら、いまの私よりずっと年下であることは間違いありません。

しかし、そんなことは、まったく気になりません。この頃に比べれば、現代の平均寿命は遥かに長くなっているのですから。

人々は、ナポレオン戦争の情報をどのように得ていたのか?

読んでいたときに気にとめなかったもう一つのことは、この当時の人々がどのようにして世界のニュースを得ていたかです。

ロシアではすでに１７０３年に、ピョートル1世（大帝）が創刊した『ヴェドモスチ』（ニュースという意味）という新聞があったので、それから１００年以上経ったこの頃には、新聞はかなり一般的なものになっていたはずです。

実際、ナポレオン戦争でワーテルローの戦いの結果はすぐに新聞でヨーロッパ各地に伝達されたという事実があるので、この物語の人々も、ナポレオン戦争の情報を新聞で得ていたのではないかと思われます。しかし、人々が新聞を読んでいるという場面が記憶にありません。

ついでに言えば、１８３６年には、文芸誌『ソヴレメンニク』（現代人）がアレクサンドル・プーシキンによって創刊されました。同誌は、ツルゲーネフやドストエフスキイの最初期の作品を発表しています。当時24歳だったトルストイの処女作『幼年時代』を掲載したのも同誌です。

さて、2度通読した『戦争と平和』をもう一度通読することができるでしょうか？

もちろんそうしたいと思っているのですが、そのためには、体力を保持していなければなりません。『戦争と平和』の3回目の通読のために、是非とも健康を維持しなければ。

第3章 ノウハウ書を読むより『マクベス』を読もう

1 シェイクスピアでビジネスのノウハウを得る

『マクベス』は、人間操縦法の教科書

「シェイクスピア」というと、「何百年も前に作られた作品で、いまの社会とは関係がない」と思っている人が多いかもしれません。

しかし、シェイクスピアが書いた戯曲は、設定を変えれば、現代社会で立派に通用するのです。というより、人間関係や人間心理の微妙さを理解するには、いま新しく刊行されるどんな本よりも、役に立ちます。

シェイクスピアの作品は、「読む価値があるか？」というテストに、４００年以上もの

間、合格し続けているのです。

「ノウハウを得られる」という実用的な意味においてすらそうです。今日出版され、翌週には消えてしまうビジネス書を読むより、遥かに有用なノウハウを得られることは、間違いありません。

例えば、『マクベス』では、人間操縦法の極意が学べます。

魔女は予言したのでなく、操縦した

マクベスは、スコットランド、グラーミスの領主。スコットランド王ダンカンを殺害して、自らがスコットランド王になりました。

しかし、殺害をそそのかした彼の妻は、精神錯乱に陥ります。

そして、ダンカンの長子マルコムが、イングランドの助力を得て、マクベスの居城を攻撃し、これを破ります。

物語の冒頭、マクベスが荒野で3人の魔女と会ったとき、魔女はつぎのように呼びかけました。

『マクベス』の魔女

「グラーミスの領主マクベス万歳！」「コードアの領主マクベス万歳！」「汝《なんじ》はいずれ王になる」

この場面は、普通は、魔女がマクベスの運命を「予言した」のだとされています。

確かに、魔女たちは、「王を殺せ」とは言っていません。実際に殺害を教唆《きょうさ》したのは、マクベス夫人です。

しかし、ダンカン王には2人の息子がいるのですから、殺さないかぎり、マクベスが王位につける可能性はありません。だから、事実上は「王殺害をそそのかした」のです。

つまり、魔女はマクベスを間接的に「操縦した」ことになります。

以下で説明するように、魔女の言葉は、実に巧みです。説得法の見本のようなもので、人間操縦法の極意が、ここに凝縮されています。

魔女は困難極まる人間操縦を成し遂げた

魔女から投げかけられた言葉によって、それまでの忠臣マクベスは、逆臣に変身します。そして、運命の坂を転げ落ちていきます。

魔女は、「バーナムの森が動かぬかぎりマクベスは安泰」とも予言したのですが、マクベスは森が動くのを目撃してしまいます（実際にはマルコムの軍勢が、切った枝をかざして進軍しただけだったのですが）。

そして魔女から「女から生まれた者はマクベスを倒せない」と予言されていたにもかかわらず、帝王切開で母の腹から取り出された勇士マクダフが現れ、首を切り落とされてしまいます。

結局のところ、マクベスは、魔女の言葉のトリックに翻弄され、操縦され続けたことになります。

ところで、冒頭の場面で魔女がマクベスを操ったのだとすれば、大変難しい説得に成功したことになります。

考えてみてください。マクベスは、この場面で初めて魔女に会っているのです。

仮に道を歩いていて、誰かに「社長を殺せば、あなたが社長になれるよ」と言われて、耳を貸す人などいるでしょうか？

初めて会った見も知らぬ人に、こんな大それたことを言われて、耳を貸すことなど、普通はありえないでしょう。

ましてや、その言葉を信じて実際に社長殺しに走るなど、絶対にありえないことです。

ところが、魔女は、この困難極まる課題を成し遂げたのです。

どんなフィクサーも、これほど見事な人間操縦はできません。こんな難しい説得が成功するのであれば、どんな説得もできるでしょう。

シェイクスピアの時代もいまも、人間の心理は変わらないのですから、この方法をマスターすれば、いまの時代にも絶大な力を得ることができるでしょう。

2 魔女のテクニック①「聞きたいメッセージ」を発する

マクベスが待ち望んでいたメッセージは何か?

では、初めて出会った見も知らぬ魔女の言葉に、マクベスはなぜ注意を向け、引き寄せられたのでしょうか?

それは、魔女がマクベスの心の底に潜んでいた願望を言い当てたからです。

魔女は、「コードアの領主」と言いました。これがポイントです。

このときマクベスは、グラーミスの領主でしたが、コードアの領主ではありませんでした。しかし、謀《む》反《ほん》を起こしたコードアの領主を打ち破った戦勲により、その後釜に座れる可能性は十分にありました。

「コードアの領主」は、マクベスの心の底に潜んでいた願望であったに違いありません。

ただし、それは無意識の願望です。マクベス自身が明確に求めていたわけではありません。そのために具体的な行動を起こそうとも、考えてはいませんでした。

しかし、誰かがその可能性を言ってくれることを、潜在意識の中では待ち望んでいたのです。

それを、魔女がはっきりと口に出して言ってくれました。

魔女の言葉の一撃が、彼の心の深層を突然暴いたのです。マクベスは、目覚めました。

人は、聞きたいと願っているメッセージには耳を傾けるものです。ですから、聞きたいメッセージを与え、それによって相手に関心を持たせるのは、人間操縦法の第1のテクニックです。

なお、魔女は、その前に「グラーミスの領主」と言っています。これで、魔女がグラーミスとコードアを取り違えたのではないことが分かります。だから、マクベスは魔女の言葉を真剣に聞く姿勢になったのです。

非現実的な目標でなく、現実的な目標を示す

もう一つ重要な点に注意しましょう。それは、魔女は最初から「汝は王になる」とは言っていないことです。

これは、魔女の説得術の中で、最も重要なポイントです。ここに、シェイクスピアの天才が現れています。普通の作家なら、最初から「マクベスよ、汝は王になるであろう」という台詞《せりふ》にしたことでしょう。

なぜ、最初から「王」ではだめなのでしょうか？

非現実的だからです。

すでに述べたようにダンカン王には息子が2人もいるのですから、よほどの大事件が起きないかぎり、マクベスが王になれるはずはありません。マクベスにとって、王は遠すぎる目標なのです。

しかし、「コードアの領主」なら、多分なれるでしょう。いや、今回の戦闘の後では、マクベス以外に誰がその地位につけるでしょう？

魔女の最終的な狙いは、マクベスに王殺しをさせることです。しかし、それを最初から言わずに、巧みにそこに誘導しているのです。

「1億円稼げる方法」より「10万円稼げる方法」が現実的

多くの説得は、最初から遠大な目的を達成させようとしています。

書店に行くとさまざまなノウハウ書が並んでいますが、それらは、最初から「王になれる」と言っているようなものが多いのです。

例えば、「こうすれば1億円稼げる」と宣伝している本があります。しかし、これでは現実性がありません。

せいぜい数千円でしかない本を買って、1億円稼げるはずはないのです。もし、本当に1億円稼げる方法があるのなら、著者はそれを数千円の本に書いて世間に公開してしまうのでなく、人に知られないように、自分だけで実行するでしょう。

したがって、この本に書いてあることがホラであることは明白であり、説得力がありません。

現実的なのは、せいぜい「副業をやれば、給料の他に月10万稼げる」といった方法でしょう。あるいは、「うまく転職すれば、年収が5割増しになる」といったことでしょう。もしこれらが確実に実現できるなら、立派なノウハウです。

人々が「聞きたいと思うメッセージ」は何か？

では、「聞きたいメッセージ」とは何でしょうか？

「それが実現してほしい」と人々が願っていることです。

多くの人に当てはまるのは、経済的に豊かになれることです。「こうやれば、あなたはカネを儲《もう》けられる」と聞いて、まったく興味を持たない人はあまりいません。

それ以外に、社会的地位や名声も、多くの人が望んでいるものです（マクベスの場合は、これです）。

雑誌の特集で、「このように投資すれば金儲けできる」「こうすれば昇進できる」「健康になれる。または、病気が治る」「志望校に受かる」「望みの企業に就職できる」といったテーマを選ぶと、その号は必ず売れるそうです。

重要なのは、「それらをどう伝えるか？」です。

「あなたはこれから金持ちになります」や、「あなたはこれから出世できます」では、あまりに漠然としていて、人々の興味を引くことができません。

もっと具体的に、「これまであなたの出世を阻んでいた競争相手が失脚し、あなたの出番になる」などと言うのが効果的です。

これを聞けば、誰でも思い当たることがあるでしょうから、「自分にもやっとチャンスがまわってきた」と期待するのです。

矛盾的形容でバンコーの心を捉えた

魔女たちは、「聞きたいメッセージ」をその場に居合わせたマクベスの友人バンコーに対しても発しています。

自分のことも聞きたいと思ったバンコーは、「では、私の運命も話せ」と魔女に迫ります。それに対して、彼女たちはつぎのように答えました。

「マクベスより小さいが、より偉大。あまり幸せではないが、マクベスよりずっとまし。汝は王にならぬが、子孫が王朝を築く」

「マクベスより小さくて、偉大」は、「矛盾した形容」です。

「矛盾した形容」は、『マクベス』全編を通じて反復して現れます。

魔女たちは冒頭で、「正しいのは不正。不正は正しい」と言っています。

ゲーテの『ファウスト』で、悪魔メフィストーフェレスは、「お前は誰だ」というファウストの問いに対して、つぎのように答えているのですが、これも矛盾した形容です。

「常に悪を欲して、しかも常に善をなす、あの力の一部です」

『マクベス』のこの場面では、矛盾した形容が、バンコーの心を捉える説得の道具として使われています。それは、つぎのような理由によります。

バンコーは、常日頃、「自分の実力はマクベスに劣る」ことを、思い知らされています。しかし、心の底では、「いや、俺の本当の実力はマクベスより上だ」と思っています。あるいは、そうでありたいと願っています。

つまり、現実には「小さい」のですが、願望としては、「偉大」を欲しているのです。バンコーは、こうした現実と願望の矛盾から生じる葛藤を、いつも心の中に抱えています。

こうした状況は、バンコーにかぎったものではありません。程度の差こそあれ、多くの人が同じような葛藤を抱えているでしょう。

ですからバンコーは、「小さいけれど偉大」というメッセージを聞きたいと、いつも望んでいました。それが魔女の口から発せられたのです。だから、バンコーも、たちどころに折伏されてしまったのです。

誰にも効果がある最強力の殺し文句

褒められて嬉しくない人はいません。

しかし、露骨に褒めるだけだと、逆効果になる危険があります。追従《ついしょう》やごますりと思われる危険があるからです。あるいは、下心があるのだろうと警戒されます。だから、うまくやらなければなりません。

一番効果的なのは、つぎのように言うことです。

「あなたは、本当は実力があるのに、正当に認められていない」

これは、「バーナム・ステートメント」、つまり、「誰にでもあてはまる命題」の一つです。

こう言われたとき、私の観察では、９割の人が「その通り」と肯定します（口では「そうでもないよ」と言いますが）。つまり、「自分の成績の悪さは、認めざるをえない事実だ。しかし、それは自分に実力がないためではない。周囲の人々が私を認めないのだ。これは不当な評価だ」と考えているのです。

「私は本当にどうしようもなく実力がない」と思っている人は、５％程度しかいません。また、「私は周りの人から正当に評価されている」と思っている人は、５％未満しかいません。

だから、「あなたは実力があるにもかかわらず、周囲が評価しない」というメッセージが、万能の褒め言葉になるのです。これほど、どんな人にも効果を発揮する有効な褒め言葉は、他には思いつきません。

3 魔女のテクニック②信頼を獲得する

実行為に走らせるには、信頼が必要

魔女はマクベスの注意を引くことには成功しましたが、それだけでは十分ではありません。王殺しに走らせるためには、さらにハードルがあります。

マクベスの信頼を得ることが必要なのです。

では、マクベスは、なぜ初めて会った魔女を信頼したのでしょうか？

それは、「コードアの領主」という予言が的中したからです。魔女の言葉を聞いた直後、マクベスは半信半疑でした。

しかし、その後で、王からの使者がコードアの領主への任命を伝えたときに、マクベスは魔女の言葉を強く信じ、魔女に全幅の信頼を置くようになったのです。

「これほどの予言能力を持っている相手なら、その言葉に従っても間違いはあるまい。いやむしろ、積極的に従うべきだ」と思い、「ダンカン殺害に踏み切っても、失敗することはないだろう」と確信するにいたったのです。

予言能力があったのでなく、周到に調査した

ここで、多くの人は言うでしょう。「確かに、予言が的中すれば、信頼を得られるだろう。しかし、それができるのは、魔女が未来を予見できる能力を持っているからだ。そうした能力を持たないわれわれとしては、同じ方法を使うことはできない」

そうでしょうか？　実は、そうではないのです。

魔女はマクベスのことを以前から調査していたし、最近の戦いの状況もよく把握していたと考えられます。

コードアの領主が謀反を起こして敗れ、捕えられたこと、それは勇将マクベスの奮戦の賜物であることを知っていたはずです。

だから、マクベスが彼に代わってコードアの領主になるのは、ほぼ確実だと知っていたのです。そのため、「コードアの領主」と呼びかけたのです。

魔女は予言能力を持っていたのではなく、周到な調査をし、分析をしたのです。調査と分析であれば、われわれにもできます。

では、魔女の最後のメッセージ「汝は王になる」はどうでしょうか？

これは、未来予知能力がなければ知りえないことでしょうか？

そうではありません。マクベスは、ダンカンから王位を禅譲《ぜんじょう》されたのではありません。彼を殺害して、王位を簒奪《さんだつ》したのです。

これまで述べてきたように、マクベスは、魔女にそそのかされ、その通りに行動したのです。魔女は予言したのではなく、マクベスを操ったのです。

魔女の予言は、自己実現的予言なのです。

自己実現的予言で指示する

マクベスが王になったのち、マクベスの手下が森でバンコーと息子を殺害しようと、待ち伏せして襲います。

このとき、「私に構わず、逃げ延びよ」とのバンコーの指示で、息子はその場を離れ、そして、のちに王位を継承します。

バンコーが自分を犠牲にして息子を逃がしたのは、「逃げ延びられれば王になる」と知っていたからです。

親が息子のため犠牲になるというのはありうることですが、この場面が異常なのは、息子が親を見捨てていることです。私は、昔からこの場面に違和感を持っていました。「親を捨てて逃げるとは、何たる息子だろう！」

しかし、よく考えれば、これも魔女の説得の結果です。これは私の想像ですが、バンコーの息子は、父親から魔女の予言を聞かされていたのではないでしょうか。

そうだとすれば、ここでも、魔女は予測したというよりは、指示をしたのです。つぎのような考察の末に。

マクベスが王になれば、バンコーはいとわしい存在になるはずだ。

なぜなら、「王になる」という予言を一緒に聞いているからだ。「マクベスは、この予言を信じて、ダンカンを殺害したのではないか？」と、バンコーは当然疑うはずだ。そうだとすれば、マクベスはバンコーを抹殺しようとするだろう。

そこで、「子孫が王になる」とバンコーに伝えておく必要がある。そうすれば、バンコーは自分を犠牲にして（なぜなら、「自分は王になれない」と予言されているから）、息子を守るだろう。その予言が息子に伝われば、息子は親を犠牲にしても逃げるだろう。

こうして、魔女たちは、バンコーには直接に、息子には間接的に、将来の行動を指示したのです。

第4章 アンチエイジングでなく『ファウスト』を読もう

1 アンチエイジングの読書?

若い人には世の中の仕組みは理解できない

「悪魔は年寄りだ。だから、歳をとらないと悪魔の言葉は分かりませんよ」

ゲーテの『ファウスト』に登場する悪魔メフィストーフェレスのこの言葉が正しいとすると、「若い人には世の中の仕組みは理解できない」ということになります。

ゲーテ自身もエッケルマン（文筆家でゲーテの秘書）との対話で、「歳をとると、若い頃とは違ったふうに世の中を見るようになる」と語っています。「若い者には分かるまい」とは、老人症候群患者の繰言《くりごと》とはかぎらないのです。

これは、私自身の実感でもあります。最近になってようやく世の中の仕組みが分かってきたように思うのです。

「今頃になって分かったとは、何たること」と残念に思います。「30年前に知っていれば、もっとうまく生きられたのに！」と地団太を踏みます。しかし、メフィストーフェレスが言う通り、それは不可能なことだったのです。

「アンチエイジング」に反対する

一般に、歳をとるほど知的能力は高まります。

考えてみれば、当然のことです。知識はストックですから、年齢を重ねるほど増える。そして、知的能力は、知識が増えるほど高まるからです（自然科学では少し違うかもしれませんが）。

このことを表すのに、matured という言葉があります。「成熟した」とか「円熟した」という意味です。

matured economist とは、確率偏微分方程式などを振りまわす段階を卒業した経済学者のことです。演奏家では、アイザック・スターンが matured violinist です（彼自身は、

matured fiddler と言うでしょうが）。

歳をとれば誰でも matured になれるわけではないのですが、年齢が必要条件であることは間違いありません。

したがって、私は「アンチエイジング」という概念に反対です。「アンチ」というからには、「エイジングとは抗すべきもの、望ましからぬもの」という前提があるからです。

しかし、右に述べたように、そうではないのです。歳をとれば肉体的能力は低下しますが、知的な能力は高まります。問題は、高まった能力を使い切るだけの時間的余裕がなくなることなのです。

ですから、地団太を踏むのです。やりたいことが増えるのに、使える時間は減ってゆく。余計なことをやってはいられません。

ファウストが若返りの契約を悪魔と結んだのを、不可解なことだと、かつては思っていました。しかし、いまでは分かります。

彼は、肉体的には若返ったにもかかわらず知的能力は碩学《せきがく》ファウスト博士のままなのですから、「いいとこどり」をしたわけです。こうしたことが可能なら、誰もが、どんな条件でも受け入れて、悪魔と契約するでしょう。

マリエンバートの悲劇

現実世界で普通は不可能なことですが、ゲーテはファウストに近い体験をしました。大病から回復したあと、若返ったのです。

保養地マリエンバートに滞在していたゲーテは、知人の娘ウルリーケ・フォン・レヴェツォフに対して激しい恋愛感情を抱き、結婚を申し込みました（ゲーテは、7年前に妻を亡くしていました）。

しかし、年齢差がありすぎて、実現しませんでした。

どのくらい差があったかと言えば、フォン・レヴェツォフは19歳、ゲーテは74歳でした。

ゲーテがすごいのは、それからです。逃げるようにマリエンバートを発《た》ったゲーテは、馬車の中でDie Marienbader Elegie（『マリエンバート悲歌』）という詩を作りました。これは、ゲーテ晩年の詩の最高傑作とされます。

「ドイツの詩文学は、このときほど偉大な日をそれ以降経験していない」と、シュテファン・ツヴァイクは言います（『人類の星の時間』）。

ヴァイマールに戻ったゲーテは、『ファウスト』第Ⅱ部と『ヴィルヘルム・マイステルの徒弟時代』の完成に向けて、全霊を傾けました。

「心配を知らぬ人々の快活な遊びの世界に、私はもう決して行かないだろう。今後の自分の生活は、仕事への専心のみにある」

われわれもゲーテに続こう

ゲーテ様には及びもないのですが、われわれもせいぜい身体を鍛え、高まった知的能力を残された時間で最大限に活用しようではありませんか。

「細かい字が読めなくなった」という人は、書籍をコピーしてＰＤＦに変換すれば、いくらでも拡大して読めます。最近では、スキャナなどという面倒なものを使わなくとも、スマートフォンのカメラで撮影すれば、簡単に拡大できます。

「眼力が衰えて星が見えない」と嘆く天文老人は、金を出して高級望遠鏡を買えばよい。それが天文少年だったときとの違いです。

50年前に感激した映画のＤＶＤを見つけたら、最新式大画面に映し出し、その当時の映画館を再現しましょう。

私の友人のある医者は、「あと10年もすれば、がんは確実に治せる病気になる」と言っています。技術進歩は、年齢を重ねる者に有利な方向に進んでいることを知るべきです。

2　若返ったファウストは何をしたか？

ファウストとグレートヒェンの物語

『ファウスト』はヨハン・ヴォルフガング・フォン・ゲーテの畢生《ひっせい》の大作。文字通り、ゲーテは一生をかけて『ファウスト』を完成させました。

２部構成になっており、第Ⅰ部は１８０８年、第Ⅱ部はゲーテの死の翌年の１８３３年に発表されました。第Ⅰ部のあらすじは、つぎの通りです。

ファウストは、あらゆる学問を究めつくした学者。しかし、「学ぶ前と比べて、少しも利口になっていない」と嘆き、絶望して自殺を企てます。

そこに悪魔メフィストーフェレスが、黒い犬に変身して、ファウストの書斎に忍び込みます。

ファウストは、姿を現したメフィストーフェレスと賭けをします。

メフィストーフェレスはファウストに仕え、魔法によって、現世のあらゆる快楽を提供する。しかし、ファウストが「瞬間」に向かって「止まれ、お前はいかにも美しい！」(Verweile doch! Du bist so schön.) と言ったら、そのときファウストは死に、メフィストーフェレスに魂を渡さなければならない。

メフィストーフェレスはまずファウストを魔女の厨《くりや》に連れて行き、魔女が作った若返りの薬を与えます。ファウストは、20代の青年に若返りました。そして、町で出会った素朴で敬虔《けいけん》な少女マルガレーテ（通称グレートヒェン）を一目見て恋に落ちます。

グレートヒェンは、逢《あ》い引《び》きする時間を作るために母に睡眠薬を飲ませるのですが、その分量を誤り、母を死なせてしまいます。

さらに、ファウストの子供を身ごもります。ファウストは、グレートヒェンの兄ヴァレンティンを決闘の末に殺します。

メフィストーフェレスはファウストを、魑魅魍魎《ちみもうりょう》の饗宴《きょうえん》、「ヴァルプルギスの夜」へ連れて行きます。そこで、ファウストは、苦しむグレートヒェンの幻を見ます。

グレートヒェンは、生まれた子を、沼に沈めて殺してしまったのです。そして、嬰児《えいじ》殺《ごろ》しの罪に問われて牢獄《ろうごく》に投じられました。

ファウストは、メフィストーフェレスとともに獄中のグレートヒェンを助けに駆けつけます。しかし、彼女はファウストの背後に悪魔の影を見出して脱獄を拒否。ファウストは彼女を牢獄に残し、メフィストーフェレスに引かれてその場を去ります。

無人島には『ファウスト』を持って行く

「あなたは無人島に島流しにされる。ただし、本を一冊だけ持って行ってよい。何を選ぶか？」というのは、昔から繰り返されてきた問いです。

私は、迷うことなく『ファウスト』を選びます。第Ⅰ部と第Ⅱ部の両方を持って行ってよいなら両方ですが、「どちらか」というのであれば、第Ⅱ部を選びます。

私は『ファウスト』を何種類か持っているのですが、第Ⅱ部ということになれば、大分昔に買って汚れてしまったレクラム文庫（ドイツの文庫本）しかありません。

なぜ日本語の翻訳でないのかと言えば、辞書なしの解読作業に挑戦したいからです。辞書がないので、分からない単語は推測するしかありません。

ちょうど、ロゼッタストーンを解読するように、分かっているところを手がかりに、分からない単語についての推測が正しいかどうかを検証していく作業になります。この作業は、いつまでも飽きないことでしょう。

なぜドイツ語でなければダメか

「『ファウスト』をドイツ語で読もう」と言えば、きざに聞こえるでしょう。

しかし、『ファウスト』は劇詩です。これを翻訳で読んでも、筋書きをなぞったことにしかなりません。

例えば第I部の最後は夜明けが刻々と迫る緊迫した場面ですが、訳では緊張感が伝わらず、滑稽になってしまいます。

名訳の誉れ高い森林太郎訳でも、こんな具合です。

お出《いで》なさい。お出なさらないと駄目です。
ぐづ〱してゐてもなんにもなりません。餘計《よけい》な
話なんかしてゐて、馬が身慄《みぶるい》をしてゐます。
もう夜が明けさうだから。

(『ファウスト 第一部』森 林太郎訳、岩波文庫、1928年)

まるで緊迫感がありません。ところが、原文では、Zaudern、Plaudern、schaudernと畳みかけています。また、Auf! で始まって auf で終わっています。こうしたことが、日本語訳ではまったく分かりません。英語訳でもダメでしょう。

「ドイツ語は学生のとき習わなかった」という人は、これから勉強すればよい。『ファウスト』を読めるだけで、十分価値があります。

「はじめに言葉ありき」

ゲーテが「言葉」を重視していたことは当たり前ですが、『ファウスト』の中で、新約聖書（ヨハネ伝、第1章）の「はじめに言葉ありき」(Im Anfang war das Wort) をファウストが書き直そうとする場面（第I部、書斎）を読むと、それがよく分かります。

「言葉」を「意味」(der Sinn)、「力」(die Kraft) などに書き換えようと試みるのですが、満足できません。最後に彼は、行為 (Tat) という言葉を見出します。

ところが、その直後に現れたメフィストーフェレスに、ファウストは「お前の名は何か?」と問います。メフィストーフェレスは、「言葉というものをあれほど軽く見る先生としては、つまらんお尋ねですな」と皮肉ります。

ドラクロワが描いた『ファウスト』の挿絵

ファウストは、やはり「名前」、つまり「言葉」こそ重要と考えているのです。

芸術家の罠：『ファウスト』の映像化

このように、『ファウスト』は「言葉」なのですが、これも当然のことながら、『ファウスト』の映像化、あるいは音楽化は、多くの芸術家の夢となりました。

そして、これまた当然のことに、罠ともなりました。

つまり、成功した人はいませんでした。第Ⅱ部は挑戦しても無駄なことが明らかですから、私の知るかぎり、試みは皆無です。

『ファウスト』の挿絵で、許容範囲にあるのは、ドラクロワとダリだけだと言えるでしょう（写真参

ダリが描いた『ファウスト』の挿絵

照)。ただし、ダリの挿絵はあまりにストーリーから離れてしまっているので、「挿絵」と言えるかどうか、疑問です。

ドラクロワの挿絵入りの*Faust*を、私は、西ドイツ時代のフランクフルト、ゲーテハウスで買いました。

これは、第I部だけです。ドラクロワが描いたとき、第II部は存在していなかったのです。ダリのエッチング・シリーズに描かれているのも、第I部です。

悪魔が説く「学問の心得」

ゲーテは、メフィストーフェレスの口を借りて、学問についても、いろいろなことを言っています。

大学者になりすましたメフィストーフェレスが、

学生を前にして「学問の心得」を講釈する場面があります。

> 生きたものを認識し、記述しようとするなら、まずその中から精神を追い出す必要がある。かくして、部分を手に入れることができるだろう、もちろん、精神的な脈拍は失われてしまうが。これを化学者はエンシャイレジン・ナトーレ（自然操作）と呼び、自ら嘲《あざけ》っているのだが、なぜそうなのかは分からずにいる。

メフィストーフェレスは、つぎのようにも言っています（第I部、魔女の厨）。

> わが友よ、学問の道は古くて新しい。
> やり方は、いつの時代も同じ、
> 三つが一つで、一つが三つ。

メフィストーフェレスは、「学問の道」は、実は「真理の代わりの迷妄《めいもう》の流布だ」とも言っています（キリスト教の三位一体説をからかっているのです）。そして、「人間というものは、何でも言葉さえ聞けば、そこに何か考えるべき内容があるかのように思う」とも。「三つが一つで、一つが三つ」が「昔からの学問の道」であり、「何かあると思わせる」のは、疑いもない事実と言えるでしょう。

シェイクスピアの『マクベス』では、魔女が「正しいのは不正。不正は正しい」(Fair is foul, and foul is fair) と言います（第1幕、第1場）。この不思議な台詞はとても気になりますが、メフィストーフェレスと同じことを言っているようにも思えます。

3 時空を超える世界で、ファウストは何を求めたか？

奇想天外の空想ファンタジー劇

古典というのは「長くて難しくてつまらないもの」と相場が決まっているので、ゲーテの『ファウスト』も同類と思っている人が多いのではないでしょうか？

憂鬱な中世ドイツを舞台にした悲劇である第Ⅰ部だけを読むと、「やはり」という思いを持つ人が多いでしょう。しかし、第Ⅱ部は、第Ⅰ部とはまったく違います。

『ファウスト』第Ⅱ部は、奇想天外の空想ファンタジー劇なのです！

仕事が一段落したとき、ソファに寝転んで、どこか適当なところから読み始める。ページを開くだけで時空を超えた世界に行けるのですから、現実に存在する「どこでもドア」です。

宣伝文句にだまされて読んだものの、大抵は幻滅する近頃のSFやミステリーとは、大違い。同じ場面を何度読んでも退屈しません。それどころか、ますます引き込まれます。出だしからしてそうです。第Ⅰ部は薄暗くて煤《すす》まみれの陰鬱《いんうつ》な研究室ですが、第Ⅱ部の始まりは、色とりどりの花が咲き乱れ、滝に七色の虹がかかるアルプスの麓です。そして、ギリシャ神話のヘレナが黄泉《よみ》の国から呼《よ》び醒《さ》まされ、極彩色の冒険大活劇が展開します。「ヴァルプルギスの夜」は、第Ⅰ部（ブロッケン山）にも第Ⅱ部（古典的ヴァルプルギス）にも現れるので、両者を比べてみると、違いは明確に分かります。第Ⅱ部のほうがずっと幻惑的です。これは、次項で述べるベートーヴェンの初期と後期の違いに酷似しています。

生涯を通じて成長し続けたゲーテ

ゲーテは、生涯を通じて成長し続けました。

『若きウェルテルの悩み』や『ヘルマンとドロテーア』なら、私でも努力すれば書けるのではないかと思われます(!?)が、『ファウスト』となると、話はまったく別です。それが、第I部と第II部の違いとして表れているのです。

「芸術家の成長、ないしは変身」という現象は、広範に見られるものです。

現代で言えば、ビートルズやビーチ・ボーイズは、成長と変身を続けました。

ベートーヴェンとモーツァルトの音楽も、作曲者の生涯を通じて大きく変化し、成長しました。

モーツァルトの変化は、ピアノ・コンチェルトやピアノ・ソナタに最も明確に見ることができます。

ベートーヴェンの作品が、初期、中期、後期と時代的に分かれること、弦楽四重奏曲においてその区別が最も明瞭に表れていることは、よく知られています。交響曲についても、初期、中期、後期の区別がなされますが、私の印象では、弦楽四重奏曲のような明瞭なものではありません。

弦楽四重奏曲について言えば、第4、5、6番の直截《ちょくせつ》的で単純な構造の音楽と、第14、15番の内省的で複雑な構造の音楽とは、明らかに異質のものです。後期四重奏曲においては、初期の作品にあった躍動する力強さは背後に退きました。しかし、形式の制約から解放された音楽が、のびやかで美しい秩序を見せています。

ファウストが「時間よ止まれ」と言うまで

『ファウスト』第Ⅱ部のあらすじを紹介しておきましょう。

眠っていたファウストは、アルプスの山中で目覚めます。

風の精霊アーリエルをはじめとするエルフたちに囲まれ、ファウストは精力を取り戻し、神聖ローマ皇帝の家臣としての仕事を始めます。財政が破綻しかかっている皇帝をだまして、ありもしない地下の財貨を担保に紙幣の発行を提案します。

ギリシャ神話の美女ヘレナを見たいという皇帝の命令がきっかけになり、ファウストはヘレナの姿を垣間見るのですが、それをとらえることには失敗。

舞台は昔のファウストの書斎に戻ります。ファウストのかつての弟子ヴァーグナーが、ホムンクルス（人造人間）の創造を試み、ついに肉体を持たないホムンクルスが瓶の中に生まれます。

ファウストはヘレナを探すため、ギリシャの古典的ヴァルプルギスの夜に飛び発ちます。

紆《う》余曲折《よきよくせつ》を経て、ファウストは、時空を超えてギリシャ神話の時代に降り立ちます。

ファウストは、ヘレナと結婚します。２人はオイフォーリオンという子供をもうけ、幸せな生活を送ります。しかし、オイフォーリオンは、高みを目指そうとして崖から飛び立ち、墜落死します。ヘレナは消え去ります。

ファウストとメフィストーフェレスは岩の頂上に降り立ち、議論します。ファウストは、偉大な事業を成し遂げたいと言います。

ファウストはメフィストーフェレスの魔力によって神聖ローマ皇帝を助けて戦いに勝利し、その褒美に領地を得ました。

荒涼たる海辺の土地を干拓し、新しい領土を作ろうとします。

しかし、メフィストーフェレスは、立ち退きを求めていた老夫婦を殺してしまいました。夜、独り物思いにふけるファウストのもとに４人の灰色の女が現れ、そのうちの一人「憂い」に息を吹きかけられたファウストは失明。

メフィストーフェレスは、手下にファウストの墓を掘らせます。そのツルハシの音は、目が見えないファウストにも聞こえてきました。

しかしファウストは、それを開拓工事の音だと聞き誤り、新しい領地が人々を幸せにすると感じます。

このうえない喜びを感じたファウストは、ついに、「時間よ止まれ、お前はいかにも美しい」と言うのです。

そして、ファウストは絶命。賭けに勝ったと考えたメフィストーフェレスは、彼の魂を地獄へ連れ去ろうとします。

しかし、天使たちが天上から舞い降り、薔薇《ばら》の花を撒《ま》いて悪魔を撃退し、ファウストの魂を昇天させます。天国から来たグレートヒェンの願いが聞き入れられたのです。

4 言葉で表現できないものが成し遂げられた

ファウストが行なった事業の第1：金融緩和

私は、第II部に出てくる対照的な2つの事業に、大きな関心を持ちます。

事業の第1は、国家財政の立て直しを狙って行なった紙幣の増発です。

現代の言葉で言えば、「大々的な金融緩和」ということになります。

この話は、「ジョン・ローのシステム」をモデルにしたと言われます。これは、革命以前のフランスにおいて、国家財政救済のためと称して行なわれた紙幣の大増刷です。これによって、フランス経済は一時は未曽有の活況を呈したように思われたのですが、それはバブルにすぎず、結局のところフランス経済は大混乱に陥りました。そして、これはフランス革命の遠因になったと言われています。

１７１９年頃に起きたローの事件は、ゲーテが生まれる前の出来事ですが、この話は、当時の誰もが知っているものだったに違いありません。しかも、ゲーテ自身がヴァイマール公国の宮廷顧問（その後、枢密顧問官）だったので、紙幣増発について、並々ならぬ関心があったはずです。

フランスでは、革命後もアッシニア紙幣の大増発が行なわれました。それが引き起こしたフランス経済の混乱をも、ゲーテは入念に観察したと思われます。

ゲーテの金融緩和否定論を日本の為政者に聞かせたい

ゲーテが紙幣増発政策に対して否定的な評価を下していることは、疑いありません。それは、『ファウスト』のつぎの記述からも明らかです。

皇帝は、紙幣を臣下に与えて、何に使うかを聞いてみます。

答えは、「陽気に愉快に暮らす」とか、「上等の酒を飲む」とか、「賭け事をする」といったものばかり。

これを聞いた皇帝は嘆きます。


新しい仕事に取りかかる興味と勇気を期待していたのだが、どんなに宝の花が咲いても、お前たちは所詮、元の木阿弥なんだな。


現代の社会に翻訳して言えば、「金融緩和をしたところで、株価が上がって金持ちが儲けるばかり。経済は少しも良くならない」ということです。

皇帝の国でも、繁栄は一時的で、その後混乱状態に陥ってしまうのです。

現代の日本の為政者に、『ファウスト』のこの部分を是非読ませたいものです。

ファウストが行なった事業の第2：自然の征服

ファウストが行なったもう一つの事業は、第Ⅱ部の最後に出てくる干拓事業です。

これは、実際の事業によって世の中を変えようということです。第Ⅰ部に出てきた言葉で言えば、Tat（行為）です。

海を埋め立てて国土を広げ、自然を征服しようというのです。現代で言えば国土改造事業ということになりますが、いまの日本のような景気対策としての公共事業ではなく、人々の生活基盤を変えようとする大事業です。

金融政策で人々をだますのではなく、実際の事業によって世界を変えていくということですから、もう少し解釈を広げて、新しい技術を開発して新事業を始めることだと想像してもよいでしょう。つまり、構造改革政策ということになります。

知恵の最後の結論

そして、これはファウストが臨終の際に述べる言葉に表れているように思えるのです。

ファウストは言います。

> おれは、数百万の人々に、安全とはいえなくとも、働いて自由に住める土地を開いてやりたい。
>
> 潮が強引に侵入しようとしても、協同の精神によって、穴を塞《ふさ》ごうと人々が駆け集

まる。そうだ、おれはこの精神に一生を捧げる。
知恵の最後の結論はこういうことになる。
自由もいのちも、日々にそのために努力する人間に
仕えるのだ。

ゲーテは、ファウストのこの姿に、人間の生き方の理想を見出そうとしているように見えます。

ファウストは勘違いしただけか?

ところが、この干拓事業の場面はよくよく読んでみると、それほど単純ではありません。「理想の領土が完成して人々が喜び、ファウストがそれを見て満足した」というのなら話は分かるのですが、そうではありません。

実際には、その土地に長く住んでいた老夫婦は立ち退きを迫られ、挙句の果てには殺されてしまいます。誰もが幸せになったわけではないのです。幸せになる人が将来は現れる

かもしれないけれど、現在までのところでは、不幸になった人しかいません。

この展開は、実に不思議な感じをわれわれに与えます。

結局のところ、ファウストは、志の半ばにおいて挫折し、そして視力を失って、事業をこれ以上進められない状態になってしまったのです。

ファウストは、単に勘違いしたにすぎないのでしょうか？

ゲーテの心の嵐：人間は努力するかぎり迷うものだ

このことだけではありません。よくよく考えてみると、ファウストが行なったことは、すべて失敗に終わったと考えざるをえないのです。

幸せな日々を送れたのは、ヘレナと暮らした短い間だけですが、彼女も、結局は幻の存在にすぎませんでした。

ファウストが到達しえた状況は、『戦争と平和』のナターシャや『アンナ・カレーニナ』のキティが獲得した「小市民的（と言ってよいと思いますが）幸福」とはまるで違うものです。

国作り政策に成功し、後世に名を残すことになる政治家の満足でもありません。

ゲーテは、『ファウスト』の完成に生涯を捧げたと言いましたが、別の表現をするなら、いつになっても、その完成を自らに言い聞かせることができなかったのです。

小林秀雄『モオツァルト』の表現によれば、

> ファウストの第二部を苦吟してゐたこの八十歳の大自意識家が、どんな悩みを、人知れず抱いてゐたか知れたものではあるまい。
>
> 『ファウスト』の完成を、自らに納得させる爲に、八重の封印の必要を感じてゐたゲエテが、發狂の前年になかつたと誰が言へようか。
>
> ファウスト博士を連れた彼の心の嵐は死ぬまで止む時はなかつただらうから。
>
> 歴史の『無限旋律』などに一體何の意味があらうか。『ファウスト』は、どうしても完成されねばならぬ。やがて自ら破り棄てると知りつつ、八重の封印をしてまでも。

実は、これは物語の最初にすでに予言されていたことです。

「天上の序曲」に現れた主は、「人間は努力するかぎり迷うものだ」と言っているのです。

名状しがたきもの、ここに成し遂げられぬ

では、ゲーテの結論は、いったいなんだったのでしょうか？

それを探るのは容易なことではありませんが、物語の最後、「神秘の合唱」をもう一度読み直してみることにしましょう。合唱は、つぎのように歌っています。

すべて無常のものは
ただ映像《えいぞう》にすぎず。
及び得ざるもの
ここには実現せられ、
名状《めいじょう》しがたきもの
ここには成し遂げられぬ。
永遠なる女性は
われらを引きて昇《のぼ》らしむ。

（『ファウスト』相良守峯訳、岩波文庫、１９５８年）

これは名訳ですが、正確かどうかは疑問です。Vergängliche は、相良訳は「無常」ですが、もともとは「過ぎ去るもの」「なくなるもの」という意味です。Gleichnis は、「比喩」とか「たとえ話」です。

人間の行なうことは、すべて過ぎ去るものにすぎないのです。しかし、それは、個々の人間の立場から見ればそうだということであって、「到達し得ざるものが成就される」ことがあるというのです。

同時に、それは、unbeschreibliche だとも言っています。これは、「言葉で書き表すことはできない」という意味です。言葉をあれほど重視したゲーテが、最後の最後になって、「言葉で表現できないものがある」というのです。そして、それが成し遂げられたと。

ゲーテは、確かにそれを把握したのでしょう。実は、このことも、『ファウスト』の冒頭で予言されていたことでした。

つぎに引用する森林太郎訳は、名訳です。

昔我が濁れる目に夙《はや》く浮かびしことある

よろめける姿どもよ。再び我前に近づき来たるよ。
いでや、こたびこそは汝達《なんたち》を捉へんことを試みんか。

言葉で表現できないものとは、いったい何なのか。私にはまだ分かりません。

第5章　アンナ・カレーニナの世界

1　一度読んだら忘れられぬいくつもの場面

アンナは絶世の美女、社交場の花形

『アンナ・カレーニナ』は、『戦争と平和』と並ぶトルストイの代表作。１８７３年から執筆を開始し、１８７７年に単行本の初版が刊行されました。

アンナは、絶世の美女で、サンクトペテルブルグ社交界の花形。20歳年上の政府高官アレクセイ・カレーニンの妻で、８歳になる息子がいます。

ヴロンスキー（旧訳ではウロンスキィ）は、伯爵で、貴公子のような青年将校。

オブロンスキーは、アンナの兄。妻がドリー。

キティ（カテリーナ・シチェルバツカヤ）は、ドリーの末の妹。ヴロンスキーを慕って

おり、正式なプロポーズはないものの、2人は公認の仲。

リョービン（旧訳ではレービン）は、オブロンスキーの友人。地方の純朴な地主で貴族。農地改革をしようとしています。

物語の始まりは、オブロンスキー家のごたごたです。オブロンスキーの浮気がドリーにバレて、夫婦仲は険悪になってしまいました。仲介役として呼ばれてモスクワにやってきたアンナは、2人の関係修復に成功。

舞踏会で、アンナはヴロンスキーに出会います。2人が踊るさまを見たキティは、ヴロンスキーがアンナに奪われたことを悟り、その後で健康を害してしまいます。

アンナはペテルブルグへ帰りますが、ヴロンスキーはアンナを追って同じ汽車に乗り込んできます。

1年後、2人の関係は急速に深まり、アンナはカレーニンにヴロンスキーとの関係を告白してしまいます。しかし、カレーニンは、離婚に応じません。

アンナはヴロンスキーの子供を出産後、重態となります。カレーニンは、寛大にもアンナを許します。

ヴロンスキーはアンナを失うことに絶望し、ピストル自殺を図るのですが、未遂に終わります。退役し、回復したアンナを連れて外国に出奔。

一方、リョービンは、病気の癒えたキティと結婚し、領地の農村で新婚生活を始めます。2人は子供をもうけ、幸せな家庭を築きます。

帰国したアンナとヴロンスキーはヴロンスキーの領地に住みますが、社交界からは締め出されます。

ヴロンスキーは、アンナの態度に嫌気が差し、しだいに彼女を遠ざけるようになります。アンナはヴロンスキーの愛情が他の女性に移ったのではないかと疑います。

絶望したアンナは、列車に身を投じて命を絶ちます。

生きる目的を失ったヴロンスキーは、私費を投じて義勇軍を編成し、トルコとの戦争に赴きます。

舞踏会でアンナの眼に揺らめき燃えた火花

『アンナ・カレーニナ』には、一度読んだら決して忘れられない印象的な場面が、いくつもあります。

その一つが、第1編、22の舞踏会の場面です。

キティの美しさに誰もが驚嘆するのですが、ヴロンスキーは彼女をワルツに誘うのを忘れてしまったかのようです。

キティは、ある退屈な青年と最後の踊りを踊っていたとき、アンナとヴロンスキーが踊っているのを目撃してしまいました。

　彼女はアンナの中に、自分にもよく覚えのある、成功から来た興奮の色を観て取った。彼女は、アンナが自分の醸し出した大酔歓喜の美酒《うまざけ》に陶然と酔っているのを目撃した。彼女はこの感情を知っていた、またその特徴をも知っていた、そしてそれをアンナの中に見たのである。——彼女はアンナの眼の中に、揺らめき燃えている火花を見た。自然にその唇を引き歪める幸福と興奮の微笑も見た。またその動作の一きわ目に立つ嬌艶《あでやか》さと、確かさと、軽快さとをも観てとった。

　彼が話しかけると、そのたびに、アンナの眼には喜ばしげな火花が閃き、血よりも赤い唇は幸福の微笑にほころびる。彼女はそうした歓喜の徴候を、表に現わすまいと自分を制しているもののようだった。

アンナの『顔の鏡』にありありと写っていたそれと同じものを、キッティは彼の中にも見出したのだ。あのいつもの穏やかなどっしりとした態度や、またその飽くまで落着いた顔の表情は、どこへどうなってしまったのだろう？　影も形もあらばこそ、彼女の方へ振り向く毎に、彼は心持ち首を傾げて、まるでその前に跪くことを願っているもののような態度を示すのである。そしてその眼の中には、従順と恐怖の表情ばかりがいっぱいになっているのだった。（『新版世界文学全集　第14』原久一郎訳、新潮社、１９５８年）

風雪の物凄さがますます美しく見えて来た

アンナは、舞踏会の終わりに、「明日ペテルブルグに帰る」とヴロンスキーに告げます。そして、晩餐会に残らずに帰ってしまいます。

翌日、列車に乗り込んだアンナは、「よかった、明日からは私の穏やかないつもの生活がいままでどおりに送られていく」と安堵します（第1編、30）。

途中の駅で停車したとき、彼女は、「外気を吸いたいと思って」プラットフォームに降り立ちます。

車室に戻ろうとしたとき、軍人の外套《がいとう》を着た男が彼女の傍らに現れて、ゆらゆらしている灯火を遮りました。彼女はすぐに、それがヴロンスキーであることを知ります。

「どうしてお帰りになるんですの？」という彼女の問いに、彼は答えます。

「私はただもうあなたのいらっしゃるところにいたいと思って、それでついて参ったのです」

男なら一度は吐いてみたい台詞でしょう。

そのつぎに起こったことを、トルストイは、つぎのように描写しています。

> 丁度このとき、風はその障碍物を征服しつくしたかの如く、どッと列車の屋根から雪を吹き下ろし、もぎ取られた鉄葉《ブリキ》の片を吹き飛ばした。と前の方では野太い汽笛が物哀れに陰鬱《いんうつ》に吼《ほ》え出した。風雪の物凄さが今や彼女にはますます美しく見えて来た。彼女の心が望んでおり、理性が怖れていることを、ウローンスキィは言ってのけたのである。

私はこの場面はもっと長いものだったと記憶していたのですが、いま読み返してみるとあまりに簡潔な描写なので、驚きました。これだけの描写で2人の心理の動きを完全に表現してしまったのは、誠にトルストイの力量としか言いようがありません。

私は、この駅はどこなのかを知りたくて、Googleマップでモスクワからペテルブルグまでの鉄道路線をくまなく調べたことがありますが、まったく手がかりがないので、いまもってどこだか分かりません。

モスクワから戻ってきたアンナをペテルブルグのモスクワ駅で迎えるカレーニンを、ヴロンスキーが見つけます（第1編、31）。

「ああ、そうだ！　良人だ！」
彼女に良人のあることは知っていたが、何だかこの世の人のような気がしなかった。

この場面について、人妻を愛したことがある、私の友人の感想。

「この世の人のような気がしなかった」という簡潔な描写ほど、適切なものはないそうです（念のため繰り返しておきますが、私の感想ではなく、私の友人の感想です）。

なお、モスクワ駅はいまでもあり、Googleストリートビューで、その周りを歩いて見ることもできます。

カレーニンは、世間体だけを考える冷たい男か？

ペテルブルグでヴロンスキーはアンナを追い回し、２人の関係は深まっていきます。

１年後、彼らの人生が急激に変わる緊迫した描写があるのですが、これについては、ここではなく、本章の３で書きます。

皇帝も臨席する士官たちの競馬の大会が開かれます。競馬場には上流階級の人々が集まっています（第２編、29）。

４０００メートル障害物競走で、落馬者が続出します。最後の場面でヴロンスキーも落馬してしまい、アンナはカレーニンの面前であるにもかかわらず、大声であっと叫んでしまいます。

帰りの馬車の中で、カレーニンは、「わしは是非あんたに言わなければならないのだがね……」と切り出します。

「多分わしが思い違いをしているのだろうと思うがね」という夫の言葉に、アンナは、

「けっしておもいちがいをしてはいらっしゃいません」と答えます。

「私はあの人の恋人なのです。……あたしはあなたが憎らしくて憎らしくて……どうぞもうどうなりと勝手にして下さいまし」

政府高官であるカレーニンは、いかにも権力だけを求める冷たい男のように描かれています。

もちろんそうなのでしょうが、この場面での彼の状況は惨憺《さんたん》たるものです。

「憎らしくて憎らしくて」と言われては、全人格を否定されたわけで、立つ瀬がありません。

これに耐えられたというのは、相当な人物です。

離婚しなかったのは世間体を考えたからだというのですが、そうでしょうか？

彼はアンナの出産を許し、そして娘を引き取っています。彼は、アンナのためを思って側にとどめようとしたのではないでしょうか？

2 『アンナ・カレーニナ』を読むと、何のためになる？

「こんな小説のどこがいいのか？」

『戦争と平和』には、ナポレオン戦争という歴史の激動によって人々の生活が翻弄されるさまが描かれているのに対して、『アンナ・カレーニナ』には、それに対応するような大きな歴史の流れはありません。

この小説の時代は、１８７０年頃。ナポレオン戦争からは50年以上経っています。その半面で、ロシア革命はまだ50年近く先で、ロシアの貴族社会は安定しています。

また、『戦争と平和』では、主人公ピエールの人格が成長するさまが描かれているのに対して、この作品では、アンナの人格が破滅していくさまが描かれているわけで、まったく逆です。

「こんな小説のどこがいいのか？」と言う人がいるかもしれません。

『アンナ・カレーニナ』は、世界名作リストのトップに選ばれることが多いのですが、「なぜそれほど評価されるのか？」と言う人もいるでしょう。

復讐するは我にあり

「アンナは自分に誠実に生きたのであって、それが素晴らしいのだ」と言う人もいます。

しかし、それにしては、周囲の人たちの犠牲が大きすぎます。アンナは、夫、恋人、息子、そして（物語では描かれていませんが）娘と、周囲のすべての人たちの人生を破壊したのです。

トルストイがアンナを肯定していないことは、エピグラフを見ても明らかです。そこには、

復讐するは我にあり、我これを報いん

とあります。

これは、新約聖書「ローマ人への手紙」第12章、19からの引用で、ここで「我」は、神のことです。つまり、「悪いことをすれば天罰が下る」ということです。アンナは、天罰を受けたのです。

なお、正確に言うと、聖書のこの部分はつぎのようになっています。

愛する者よ、自ら復讐すな、ただ神のいかりに任せまつれ。しるして「主いひ給ふ、

復讐するは我にあり、我これを報いん」とあり。

つまり、「復讐するのは神の役目だから、人間が自分で復讐してはならない」ということです。

私が最初に読んだ新潮社の文学全集では、どういうわけか、このエピグラフが省略されていました。このため、私はこの有名なエピグラフが『アンナ・カレーニナ』にあることを、長い間知りませんでした。

キティとリョービンが主人公なのか?

つぎのような意見もあります。アンナ＝ヴロンスキー組と対照的に描かれているキティ＝リョービン組の人生が素晴らしく、本当の主人公は、アンナではなくリョービンであるというのです。

しかし、そうなら、この本のタイトルは、『キティとリョービン』とすべきでしょう。トルストイはキティ＝リョービン組に肯定的です。実際、後半は、彼ら夫婦の描写があるために、読んでいて救われる気持ちになります。

しかし、だからといって、トルストイは、彼らを描くためにこの小説を書いたとは思えません。

トルストイが描きたかったのは、あくまでもアンナです。「キティ＝リョービンを強調するためにアンナがいるのではなく、逆に、アンナの悲劇を強調するために、背後にキティ＝リョービンがいる」と考えるべきでしょう。

人生の教科書になるか？

では、アンナは反面教師であって、この本を読めば、アンナの悲劇を避けることができるのでしょうか？

アンナの悲劇は、戦争や病気などの不可抗力によって引き起こされたものではないので、対処すれば避けることができたのではないかと考えることもできます。これは、コントロールできたかもしれない悲劇なのではないか？

そうだとすれば、『アンナ・カレーニナ』は人生の教科書として使える」ということになります。

しかし、そうは考えられません。アンナの悲劇は、コントロールできないものなのです。

アンナとヴロンスキーの運命は、冒頭の舞踏会の2人の表情によって、明白に予言されています。

この場面がすごいのは、この後に2人の平穏な愛の生活が予想されるからではなく、実際に起こったのと同じことしか起こりえないのが明らかだからです。

これは、キティ＝リョービン組のスケートの場面（第1編、9）と対照的です。動物園にあるスケート場に馬車で駆け付けたリョービンは、キティを見つけて一緒にスケートをします。彼はスケートの名手なのです。

リョービンは口下手なので、キティの歓心を得ることに失敗するのですが、それにもかかわらず、この場面は爽快な印象を与えます。

鉄道自殺はアンナの生涯の必然的な終わり方であって、これ以外の終わり方があるとは思えません。

だから、読後感は決して楽しいものではなく、重苦しいものです。改めて言いますが、この物語は、悲劇なのです。

シェイクスピアの悲劇もそうですが、避けようと思っても避けられないから悲劇になるのです（避けられるにもかかわらず惨状に陥ることは、「喜劇」と言います）。

ですから、この本を読んだからといって、生き方を学ぶことはできないでしょう。私がこの小説を読んだのは、これから人生を始めようとするときだったのですが、それ以降の人生で、この小説が役に立ったとは思えません。

人生を豊かにしてくれた

しかし、これから人生を終える準備を始めようという位置にある人間が、自分の人生を振り返り、小説と比較すると、考えるところが多くあります。

一言で言えば、いろいろな人生があることをこの本を通して見た、ということです。アンナのような人生もあるし、リョービンのような人生もある。それらの人々の生き方を見たことは、私の人生を豊かなものにしてくれました。

アンナは女性なので、私が感情移入するのはなかなか難しく、多分彼女の感情のすべてを理解してはいないと思います（トルストイはそれを描いているのだから、すごいものです）。

それに、登場する人物はほとんど貴族社会の人々であり、われわれの生活とは基本的な条件が違うので、同じ世界にいるという同一感を持つことも容易ではありません。

しかし、それにもかかわらず、彼らの世界を知ったことは、私の人生を豊かにしてくれました。

道を歩いていると、携帯電話を持って取引の話をしながら足早に歩み去っていく人がいます。この人はおそらく『アンナ・カレーニナ』を読んだことはないでしょう。これから読もうとも思わないでしょう。その人に比べて、私のほうが豊かな人生を経験したと、私は考えているのです。

公園の道を、年嵩《としかさ》のおばさんたちがガヤガヤと話しながら歩いています。聞こえてくる会話は、ヨメの悪口と病院の話。この人たちも、『アンナ・カレーニナ』を読んでいないでしょう。だから、私とこの人たちとの間には大きな差がある、と私は感じているのです。

誤解しないでいただきたいのですが、「だから俺は偉いのだ」などと言っているのではありません。「これらの人々より私が高級な人間である」と言っているわけでもありません。

考えてください。『アンナ・カレーニナ』の本を買ってきて読むのは、誰にでもできることです。高級車を乗りまわしたり、豪華客船で世界を一周することとは、わけが違うのです。

「差がある」と言っているのは、「経験に差がある」ということです。「この人たちが経験しなかったことを私は経験した」ということです。

もちろん、それは、現実の経験ではありません。

舞踏会も、吹雪の中で停車した鉄道の駅で起こったことも、われわれが現実の世界で経験することは、決してできないものです。しかし、本を開けば、それらは、あたかも現実の出来事であるように、私の前に展開するのです。

それは、実際の体験ではなく、疑似体験にすぎないのですが、バーチャル・リアリティ（VR）などというオモチャで見る映像などは足元にも及ばない世界です。

3　書きたいことは山ほどある

人間を押しつぶす鉄道列車？

この小説では、列車が重要な舞台回しの役割を果たしています。

モスクワとサンクトペテルブルグ間の鉄道の開通は1851年だったので、この当時のロシアではすでにごく普通の移動手段になっていたと思われますが、やはり新しい時代の乗り物だったことになります。いまの日本人にとっての新幹線のようなものだと言っても良いでしょう。

アンナが最初にヴロンスキーに逢うのは、１８７２年の冬。モスクワにあるペテルブルグ駅です（モスクワにあるのがペテルブルグ駅であり、ペテルブルグにあるのがモスクワ駅なので、混乱します）。アンナが乗った列車にヴロンスキーの母親も乗っており、２人は旅行中話し合っていたのです。

モスクワに着いたとき、列車が人を轢《ひ》いてしまう事故が起こり、アンナは不吉な予感を持ちます。

そして、アンナの鉄道自殺。

この場面がすごいのは、飛び込もうとしたときに、タイミングを逸してしまうことです。つぎの車台が来るまでの数秒間、普通の人なら耐えられなくなって逃げ出してしまうでしょう。事実、線路の上に身を投げ出した彼女は、「起き上がって、後方へ飛び退ろうと思った」というのです！　第６章の１で述べる『罪と罰』の殺人の場面もそうですが、どうしてこのような極限状態での人間心理が分かるのでしょうか？

トルストイは、「鉄の塊である鉄道列車が人間を押しつぶしていく」というイメージを持っていたように思えます。

ロシアの鉄道のレール幅は日本の新幹線より広いので、車内はゆったりしています。この頃の列車がどんなものだったかは、「シベリアの理髪師」という映画を見ると分かります（時代は少し後ですが）。

アメリカからやってきた主人公の女性が列車に乗っている場面があるのですが、このような豪華なコンパートメントだったのでしょう。

なお、そこに乗り込んできた士官候補生がトルストイという名で、そのとき彼女が読んでいた本が『アンナ・カレーニナ』です。

キティの肖像画を見つけた

私はこの本を読んでいた頃（1950年代の末）、渋谷のある商店のウインドウでルノワールの「イレーヌ・カーン・ダンヴェール嬢の肖像」を見つけました。小さなウインドウに商品は置いておらず、この絵だけがあったのです。

私は即座に、「これこそキティだ！」と決めました。

この絵は、いまではポピュラーなものになっていますが、その当時は日本ではまったく知られていませんでした。画集を探しても見つかりませんでした。見つけたのは、だいぶ後になってのことです。

『アンナ・カレーニナ』は、ずいぶん映画化されました。アンナ役は、グレタ・ガルボ、ヴィヴィアン・リーから始まって、ジャクリーン・ビセット、ソフィー・マルソー、キーラ・ナイトレイなど。

私は、1本も見たことがありません。アンナのイメージを傷つけられたくないというのが、一番大きな理由です（ついでに言えば、同じ理由で『戦争と平和』の映画も見たことがありません）。

名画とされるものがないのは、アンナを演じきれる女優がいないことによるのでしょう。ヴィヴィアン・リーは、「スカーレット・オハラは美人ではなかった」で始まる『風と共に去りぬ』のスカーレットには美人すぎるのですが、観客はそれを許します。しかし、「アンナはどうか？」というのが、多くの人の感想でしょう。

なお、ロシアの画家イワン・クラムスコイの「見知らぬ女」（あるいは「忘れえぬ女」）がアンナだとされることが多いのですが、私のイメージはまったく違います。

『アンナ・カレーニナ』は、バレエにもなっています。

読了までずいぶんと時間がかかった

第４編の17には、アンナが出産する鬼気迫る場面があり、18でヴロンスキーの自殺未遂があります。第４編までを「前半」、そのあとを「後半」と呼ぶことにしましょう。

私がこの本を読んだのがいつだったか？　正確な記憶がないのですが、いくつかの証拠があります。

まず、前半の本には、「１９５８．10」という日付が書き込んであります。これは、私が高校３年のときです。

また、キティの（と私が勝手に決めたルノワールの）絵を渋谷の町角で見つけたのは、駒場のキャンパスに通っていたからで、それは、大学１、２年のことです。

そして、後半の本の奥付ページには、「了　昭和36年４月13日」と日付が書いてあります。１９６１年４月は、私が大学３年生のときです。したがって、読み始めてから読了まで２年半。ずいぶんと長い時間がかかったものです。

受験勉強のために読む時間がなくなってしまって中断したのかもしれないし、前半では息もつかせぬストーリーが展開していくのに、後半は退屈なので、あまりのつまらなさに途中で挫折して中断してしまったのかもしれません。

実際、前半については強烈な記憶が残ったのですが、後半については、その後、ほとんど記憶が失われていました。

エピグラフに惹かれて本を読む

本章の2で、『アンナ・カレーニナ』のエピグラフについて述べました。これは、大変印象深い引用です。

これ以外にも、印象深いエピグラフを載せた作品が沢山あります。

何といっても最高は、ドストエフスキイ『悪霊』にあるつぎのエピグラフでしょう。アレクサンドル・セルゲーヴィチ・プーシキンの詩の引用です。

殺さるも痕は得わかじ
我ら遂《つひ》に踏みぞ迷ひぬ、いかがせん？
こは悪霊《あくりよう》の我らを曠野《あらの》に導きて、四面八面《よもやも》に引き廻すらし。

（『ドストエーフスキイ全集　第15巻』米川正夫訳、河出書房、１９３２年）

これは、米川正夫訳で、戦前の出版です。

この後に、「ルカ伝」（第8章、32－37）のかなり長い引用が続きます。

プーシキンの詩は大変印象的で、私が『悪霊』を読んだのは、このエピグラフに惹かれたからです。

ところが、戦後の口語訳は、まったく格調が低くて、がっかりしました。外国の作品は、訳によってずいぶん変わるものだと驚きです（もっとも、本文は戦後訳で読んだのですが）。

SF作家アイザック・アシモフの出世作は、『夜来たる』で、ここには、つぎのエピグラフがあります（第8章の6で紹介する *The Science Fiction Hall of Fame* に収録されています）。

> もし星が千年に一度しか現れないのなら、人々は星空を信じ難いものとしてあがめ、その記憶を幾世代にもわたって語り継ぐだろう。

私は、この原文を暗記するほど気にいったのですが、出典は「エマーソン」とあるだけで、どの作品なのかが記されていません。

この文章の前後を何とか知りたくて、原典を必死で探しました。アメリカに出張したときに、書店でエマーソン全集が並べてある場所に座り込み、片っ端から調べたこともあります。ちょうどアメリカ建国２００年祭が行なわれていたので、１９７６年のことです。アメリカの書店には、床に絨毯《じゅうたん》が敷いてある店が多く、座り込んで長時間本を見ることができるのです。しかし、数時間調べたにもかかわらず、探し出せませんでした。

ところが、インターネットで検索エンジンが使えるようになってから完全一致検索を試みたところ、あっという間に見出せました。

これは、*Nature*という作品の中にあります。邦訳もあり、岩波文庫『エマソン論文集』上巻に収録されています。だから、書籍でも見出せないわけではないのですが、検索エンジンなしではとても不可能です。検索エンジンが登場したことで、それまでは不可能だったことが可能になりました。

なお、このエピグラフは、アシモフが作品を完成してから選んだものではありません。雑誌の編集者がアシモフに示して、「どう思うか？」と聞いたのです。このことはアシモフ自身が書いています。アシモフは、エマーソンが言ったのとはちょうど逆の内容を書きました。千年に一度の星空を見て、人々が感動するのではなく、恐れおののいてしまい社会が崩壊する、という内容です。

ヘミングウェイの『誰がために鐘は鳴る』は、エピグラフに16～17世紀のイングランドの詩人ジョン・ダンのDevotionsという詩を引用しています。これも大変印象的です。

全文を長い間探していて、やはり見つけられなかったのですが、検索エンジンが使えるようになって、あっけないほど簡単に見出せました。

ジョン・ダンは、この詩で、人間の共同作業の崇高性を強調しているのです（「誰も完結した島ではなく、大陸の一片、本土の一部」）。

分業が重要だとする経済学の基本命題と見事に一致しているので、私も使いたくなります（使ったこともあります）。

ロボットでない人間にとっては重大なこと

本章の1で、「主人公の運命が劇的に変わる場面がある」と述べました。そして、それについては「3で述べる」と書きました。

以下では、『アンナ・カレーニナ』の他、『ナルチスとゴルトムント』と『プシケ』についても述べます。

こうしたものを読んでしまうと、世にあふれるポルノ小説の類など、幼稚で馬鹿らしくなり、読む気がしなくなるでしょう。

『アンナ・カレーニナ』におけるこの場面（第2編、11）は、何の前触れもなく、まったく唐突に現れます。それゆえ、読者は強い衝撃を受けます。

トルストイは、この場面を実に簡潔に描いています。私が持っている本では、わずか1ページにしかなりません。

それでも（あるいは、それゆえに）、状況は、実に明確に、はっきりと伝わってきます。物理的な状況だけでなく、2人の心理状態がこのときにどのように変化したかが分かるのです。

彼らは、自分たちの将来の運命を、この瞬間に完全に見通してしまったに違いありません。

世の中の「ポルノ小説」と言われるものは、当事者たちの物理的運動を実に熱心に描いています。しかし、心理状態がどうだったかは、何も描いていません。

これでは、動物というか、ロボットでしかありません。

ですから、われわれに何の感動も与えないのです。

ヘルマン・ヘッセの『ナルチスとゴルトムント』

「ポルノ小説など足元にも及ばない」という場面がある文学作品が、この他にもあります。

一つは、ヘルマン・ヘッセの『ナルチスとゴルトムント』（邦訳では、『知と愛』というタイトルになっているものもあります）。

これは、中世の物語。冒頭で、マリアブロン修道院の様子が紹介されます。本節での話の本筋から脱線しますが、マリアブロン修道院は、私の生涯の憧れです。ここでラテン語の勉強だけに没頭して毎日を暮らせたらどんなに幸せだろうと、いつも思っていました。

ドイツ語の原文では、修道院の庭にある栗の木（カスタニエン・バオム）の描写が、１ページくらい切れ目なく続く一つの文章になっています。これをその通り一つの文章にした日本語訳を見たことがありません。日本語では、これだけ長い文章を書くのは不可能でしょう。

さて、物語は、そのタイトルの通り、ナルチスとゴルトムントという２人の対照的な人間の結びつきを描いているのですが、２人の違いを強調するために、ゴルトムントが修道院を脱出し、流浪の旅に出るさまが描かれます。

ゴルトムントは騎士の館に身を寄せます（第8章）。騎士には2人の美しい娘がいます。ゴルトムントとこの2人との関係が次第に進展し、ある夜、異常としか言いようのない状態になってしまうのです。

この夜、この部屋で何が起こったかは、正確に伝わってきます。ヘッセがこのような場面を描いたのは、私の知るかぎり、これだけです。

ジュール・ロマンの『プシケ』

もう一つは、ジュール・ロマンの1922〜1929年の三部作小説『プシケ』。

高校生のときに読んで以来、ずっと読んでいなかったので、どこがその場面だったかについて、まるきり思い違いをしていました。

第1部「リュシエンヌ」だと思っていたのですが、そうではなく、第2部「肉体の神」の5でした。

トルストイがごく簡潔に描いているのと対照的に、ロマンの記述は、文庫本で数十ページにも及びます。

『アンナ・カレーニナ』も『ナルチスとゴルトムント』も、世の中のしきたりでは認められない関係を描いているのに対して、『プシケ』の主人公たちは正式に結婚しているので、2人の関係は、誰はばかることもない、堂々たるものです。

その意味では、「普通は語られることのない細部が語られているだけだ」と言うこともできるでしょう。

しかし、こうしたことを描くためには、極めて高度の表現力が要求されます。正統的な文学作品で類似のものが他に見られないというのが、その何よりの証拠でしょう。この意味で、『プシケ』は、特異な作品です。

なお、この作品は、青柳瑞穂訳で1955年に新潮文庫として刊行されているのですが、残念ながら現在では絶版になっており、古本で購入するしかないようです。

第6章 奇跡をめぐる聖書の秘密

1 『罪と罰』：ソーニャと「ラザロの復活」

何と退屈な出だし！

『罪と罰』は、ドストエフスキイの長編小説です。1866年に雑誌『ロシア報知』に連載されました。

舞台は、ロシアのペテルブルグ。主人公は、ロジオン・ロマーヌイチ・ラスコーリニコフ。彼は、学費を払えなかったために大学を中退した元大学生で、狭い屋根裏部屋に下宿しています。

「選ばれた非凡人は、何をしても許される」という理論を組み立て、金貸しの老婆アリョーナ・イワーノブナを殺害しました。しかし、たまたま現場に来た義妹リザベータまで殺してしまい、罪の意識に苦しみ始めます。

その後、事件を追及する予審判事ポルフィーリィとラスコーリニコフの息詰まる対決が続くのですが、それにしても、この物語の最初の部分はどうでしょう！

冒頭にこそラスコーリニコフが徘徊《はいかい》するペテルブルグの街の様子が描かれますが、そのすぐ後に、酔っ払いのマルメラードフという男の独白が延々と続くのです。とりとめがなく、何の意味もない（としか思えない）独白です。

現代の小説であれば、どんな作者であっても、老婆殺害の場面から書き起こすに違いありません。

実際、高校1年生だった私たちが『罪と罰』を読んだのも、英語の名物教師のK先生が（教科書などほっぽらかしにして）、「『罪と罰』の殺人の場面は、自分が殺人を犯す錯覚に陥るほどすごい」と熱弁を振るったからです。

「殺人を犯すときの気持ちとはいったいどんなものなのだろう？」と、多くの生徒が刺激されて、『罪と罰』を読み始めました。

現代流の書き方なら、殺人の場面が冒頭で、それが終わった後、時間を遡《さかのぼ》って、ラスコーリニコフの周辺を描きます。そうした描き方でないかぎり、編集者に突き返されてしまうでしょう。

「読者の関心を捉えよう」などということをまったく考えない書き方が許されたこの頃の作家を、羨ましく思います。物書きが、自分の思うままに書き進められた時代です。ウェブに文章があふれかえっている現在を思えば、作家にとって天国の時代でした。

「煤けた部屋の隅々に蜘蛛が巣を張っている」

K先生に刺激されて読み始めたわれわれは、さまざまな場面について論争しました。われわれがとりつかれたのは、スヴィドリガイロフの世界観です（スヴィドリガイロフは、ラスコーリニコフの妹であるドゥーニャに結婚を迫ってくる男）。

> われわれは現に、いつも永遠なるものを不可解な観念として、何か大きな大きなもののように想像しています！　が、しかし、なぜ、必ず大きなものでなくちゃならないんでしょう？　ところが、あにはからんや、すべてそういったようなものの代りに、田舎の湯殿みたいな煤けた小っぽけな部屋があって、その隅々に蜘蛛が巣を張ってい

る、そして、これが即ち永遠だと、こう想像してごらんなさい。実はね、わたしはどうかすると、そんなふうのものが目先にちらつくことがあるんですよ。

（『ドストエーフスキイ全集　第6巻』米川正夫訳、河出書房、1957年）

高校生にとっては、ぞっとするような世界観でした。これを熱っぽく議論したときから、もう60年以上も経ってしまいました。校舎のどこで、誰と議論したかを、いまでも、はっきりと思い出せます。

ところで、ドストエフスキイは、実にこまめに創作ノートを書き残しました。彼はてんかん持ちで、発作が起こると作品の基本的な記憶を失ってしまうため、それらを復元するためだったと言われます。

膨大な創作ノートは書籍として刊行されており、翻訳書もあります。『罪と罰』のノートでは、この作品が当初、一人称の告白形式の中編小説として構想されていたこと、作品中にある殺人の他に第3の殺人もあったこと、主人公の名前がなかなか決まらなかったことなどが分かり、研究者にとって貴重な資料となっています。

ソーニャ、「ラザロの復活」を朗読する

物語の白眉だと私が思うのは、ソーニャが、聖書にある「ラザロの復活」（ヨハネ伝、第11章）をラスコーリニコフに読んで聞かせる場面です（ソーニャは、マルメラードフの娘。家計を助けるために娼婦となった信仰心の厚い少女。のちに、ラスコーリニコフの妻となります）。

これは、『罪と罰』の最も感動的な場面です。

ほとんど聖書の引用だけなのに、息が詰まるほどの迫力です。巨匠の力量とは、こういうものだと実感します。

この場面は、ドストエフスキイの作品としては、珍しい外観を呈しています。深遠な思想や深い洞察が語られているわけではないし、難解な表現もありません。たんたんと聖書の引用が続くだけです。これなら、私でも書けるような気がするほどです。

もちろん、これは、高度なテクニックなのです。前後のストーリーが極めて濃密であるため、この場面の簡素さが目立つようになっています。

「ラザロの復活」を選んだのはラスコーリニコフです。私の想像では、ソーニャの心の中で、おそらくずっと以前から、この奇跡物語と彼女の人生が重なっていることを、ラスコ

ーリニコフは感知しているのです。そして、ソーニャを試みようとしたのではないでしょうか？

ソーニャは、現実の世界では決して奇跡が起きないことを知っています。なにしろ彼女は、極貧にあえぐ娼婦なのです。

しかし、その自覚は彼女の信仰を少しも弱めることにはならず、むしろ強めています。これは、矛盾そのものです。そして彼女は、その矛盾をさらけ出すことを恐れているのです。

彼女のそうした矛盾を知っているラスコーリニコフは、意地悪く、「で、神様は何をしてくださるのかね？」と尋ねます。

ソーニャは、下を向いたまま、「何でもしてくださいます」と早口で答えます。「下を向いたまま」「早口で」という描写だけで、その場の状況がはっきりと想像できます。

このときのソーニャの仕草は、これ以外のものではありえません。

なぜなら、彼女の理性は、「もし神が存在するならば、信心深いものが極貧の売春婦になるようなことはありえないはずだ」と指摘しているからです。

ソーニャ自身もそれを認めざるをえません。したがって、神を信じる行為がまったく矛

本書をお買い上げいただき、誠にありがとうございました。
質問にお答えいただけたら幸いです。

◎ご購入いただいた本のタイトルをご記入ください。

『　　　　　　　　　　　　　　　　　　　　　　　　』

★著者へのメッセージ、または本書のご感想をお書きください。

●本書をお求めになった動機は？

①著者が好きだから　②タイトルにひかれて　③テーマにひかれて
④カバーにひかれて　⑤帯のコピーにひかれて　⑥新聞で見て
⑦インターネットで知って　⑧売れてるから／話題だから
⑨役に立ちそうだから

生年月日	西暦　　年　　月　　日（　　歳）		男・女	
ご職業	①学生	②教員・研究職	③公務員	④農林漁業
	⑤専門・技術職	⑥自由業	⑦自営業	⑧会社役員
	⑨会社員	⑩専業主夫・主婦	⑪パート・アルバイト	
	⑫無職	⑬その他（　　　　　　）		

このハガキは差出有効期間を過ぎても料金受取人払でお送りいただけます。

ご記入いただきました個人情報については、許可なく他の目的で使用することはありません。ご協力ありがとうございました。

盾したものであることを認めざるをえないのです。

この認識は、本章の2で述べる『カラマーゾフの兄弟』のイヴァンの認識（もし神が存在するならば、子供たちがいわれのない苦しみに直面するはずはない）と同じものです。イヴァンはこの認識から「大審問官」に進んだのですが、ソーニャは同じ認識から「ラザロの復活」に進んだのです。

それにしても、何という答えでしょう！

ラスコーリニコフは、「狂信者だ！　こんなところにいると感染してしまう」と心の中でつぶやきます。

「死にしもの、出で来たる」

ソーニャは、「ラザロの復活」を読もうとしますが、手がふるえて声が出ません。

やっと、「ここに病める者あり、ラザロといいて、ベタニアの人なり……」と読み始めますが、すぐに息が詰まり、胸が苦しくなって途切れてしまいます。

しかし、是非彼に聞いてもらいたいという思いに、「感激に満ちた興奮によって」突然転換します。

復活の場面に近づくにつれて、彼女は熱病にかかったようになります。

そして、「この人も、同じように盲目で不信心なこの人も、すぐにこの奇跡を聞いて、信じるようになるだろう」という歓ばしい期待に全身をふるわせます。

「ラザロよ、出でよ、死せし者……」

(彼女はさながら自分が眼のあたり見たもののように、感激にふるえて身内をぞくぞくさせながら、声高く読み上げた。)

「……布にて手足をまかれ、顔は手巾にてつつまれて出ず」

ラザロ復活を読み上げたソーニャは、もうその先を読めなくなってしまいます。「ラザロの復活はこれだけです」と宣言し、熱病的な戦慄を続けながら立ち尽くします。2人とも一言も発せず、「5分間かそれ以上経った」と記されています。一言も発せずに立ち尽くしたのが5分間とは、何という長い時間でしょう!

未来への希望が暗示される

ラスコーリニコフの心に微妙な変化が生じた、と著者が書いているわけではありません。

しかし、この朗読が決定的な一撃となったことは、間違いありません。

彼は自白を決心します。そして、最終的に、2人は新しい生活に向けて再生します。つまり、実際に奇跡が起こったのです。

『罪と罰』は、この場面で終わりになるわけではありません。この後に、延々とストーリーが続きます。

自白したラスコーリニコフは、8年のシベリア流刑を言い渡されます。流刑地にはソーニャが同行しました。

物語の最後。ラスコーリニコフは、恐ろしい伝染病のために全世界が破滅に向かうという夢を見ます。

そして、ドストエフスキイの小説にしては珍しく、つぎのように、未来への希望が暗示されます。この場面も私は好きです。

> 七年、たった七年！　こうした幸福の初めのあいだ、彼らはどうかした瞬間に、この七年を七日と見なすほどの心持になった。彼は、この新生活が無報酬で得られたの

ではなく、まだまだ高い価を払ってそれを買い取らねばならぬ、そのためにはゆくゆく偉大な苦行で支払をせねばならぬ、ということさえ考えないほどだった。

しかし、そこにはもう新しい物語が始まっている——一人の人間が徐々に更新して行く物語、徐々に更生して、一つの世界から他の世界へ移って行き、今まで全く知らなかった新しい現実を識る物語が、始まりかかっていたのである。しかし本篇のこの物語はこれで一先《ひとま》づ終った。

2 『カラマーゾフの兄弟』：イヴァンと「大審問官」

ドストエフスキイの最後の作品は推理小説

『カラマーゾフの兄弟』は、ドストエフスキイの最後の長編小説。１８８０年に刊行されました。

最初に、主要な登場人物を紹介しておきましょう。

フョードル・カラマーゾフは、地主で、物欲と淫蕩《いんとう》の権化《ごんげ》。

ドミートリイ（ミーチャ）はフョードルの長男。28歳の退役軍人。直情型で野性的な魅力があります。婚約者がカチェリーナ。

次男のイヴァンは、無神論者で知識人。カチェリーナを愛しています。そして、父を深く嫌悪しています。

三男のアレクセイ（アリョーシャ）は、純情で真面目な修道僧。その修道院の長老がゾシマ。

スメルジャコフは、カラマーゾフ家の使用人。フョードルが乞食女に産ませた子だと噂《うわさ》されています。てんかん持ち。

小説の本篇は、「フョードルが殺された、犯人は誰か」という推理小説になっています。嫌疑は、フョードルとグルーシェンカを張り合っていたドミートリイにかかり、彼は捕えられます。

しかし、実は、スメルジャコフの犯行でした。イヴァンによる思想的感化と間接的教唆が大きな影響を与えていたのです。

裁判でドミートリイは有罪とされ、シベリア流刑懲役20年を言い渡されます。イヴァンは発狂の兆しを見せ、スメルジャコフはイヴァンに失望して自殺します。

イヴァンは24歳。歳をとってからの初読は難しい

イヴァンは、『罪と罰』のラスコーリニコフや『悪霊』のスタヴローギンと同じ系統の人物です。スメルジャコフは、『罪と罰』のスヴィドリガイロフを想起させます。アリョーシャは、それまでのドストエフスキイの作品には登場してこなかったタイプの人物です。あえて言えば、『罪と罰』のソーニャでしょうか。

ドストエフスキイの小説におけるラスコーリニコフやスタヴローギン、あるいはスメルジャコフやスヴィドリガイロフのような人物は、極めて強烈な印象を与えるので、記憶に残ります。それに対してソーニャやアリョーシャのような人物は、弱い印象しか与えません。しかし、本当の主人公はソーニャでありアリョーシャなのだと考えることができるでしょう。

小林秀雄は、『ドストエフスキイ』の中で、「イヴァンは二十四歳の青年である、と言ったら不注意な読者は驚くであろう」と書いています。

私も「不注意な読者」だったので、これを読んで、驚きました。

改めて確かめると、確かに、物語の最初に、「数えで24歳」と明記してあります。満で言えば、23歳ではありませんか！

私が『カラマーゾフの兄弟』を読んだときは、イヴァンより年下だったので、この部分をさして気にもせず読み飛ばしたのです。「大審問官」のような深遠な話をしているので、大分年上の人だという漠然たる思いしか持っていませんでした。

文学作品の主人公は、多くの場合、意外に若いのです。読んだときに自分より年上だと、非常に年上であるような錯覚に陥ります。そして、自分自身が歳をとっても、この感覚が変わらないで残ってしまうのです。

そういえば、『アンナ・カレーニナ』のアンナは、何歳なのでしょう？　人妻であることから、30代であるように思っていたのですが、もっと若いのかもしれません。

主人公が自分より年下だと思うと、どうしてもしらけた気持ちになってしまいます。歳をとってからは、文学作品の初読は難しくなります。再読、三読は、いつになってもできるのですが、初読は、できれば、登場人物より若い時代に行なうのがよいでしょう。

神が存在するなら、なぜ世界に悪があるのか？

『カラマーゾフの兄弟』は、表面的には、殺人事件の犯人をめぐる推理小説となっているのですが、実は、この小説はもう一つの側面を持っています。

それは、アリョーシャの魂を奪い合う、イヴァンとゾシマ長老の思想上の争いです。これは、本筋の物語を離れた2つの挿話によって語られています。これらは、一見するとサイドストーリーなのですが、実は、こちらのほうが『カラマーゾフの兄弟』の中核になっています。

最も有名なのが、イヴァンがアリョーシャに語る劇詩「大審問官」で、これが第1の挿話です。

ここで、「神は存在するか？」「もし神が存在するなら、どうして世界に悪が存在するのか？」という問題が、イヴァンによって語られます。

イヴァンはまず、世の中にいくらもある幼児虐待の例をあげ、「もし未来の永遠の調和のためにこの幼児たちの苦しみが必要だというのなら、そんなに高価な犠牲を払って入場しなければならない未来社会の入場券など急いで返したい」と言います。

そして、「大審問官」の物語が語られます。

時は16世紀のセヴィリヤ。ジェズイット教会の大審問官が、多くの異端者を処罰していました。

そこにキリストが降臨します。キリストは死んだ少女を生き返らせるなどの奇跡を行ないます。

そこに通りかかった、背の高い、90歳に達しようという老人が、「この者を捕えよ」と命じました。老人は、セヴィリヤの大審問官です。衛兵たちはキリストを捕え、牢獄につなぎます。

大審問官とキリストの対決

夜になって、大審問官はキリストと対決します。大審問官が持ち出したのは、かつて悪魔とキリストの間で交わされたとされる3つの問い（マタイ伝、第4章、1－11）です。洗礼を受けたイエスは、精霊に導かれて荒野におもむき、40日間、悪魔に試みられたのです。

悪魔の第1の試み「荒野の石をパンに変えよ」に対するイエスの答えは、「人の生くるはパンのみに由《よ》るにあらず、神の口より出づる凡ての言に由る」でした。

第2の試みは、「高い宮殿から飛び降りて見よ。もし神の子であるなら、途中で天使が受けとめてくれるだろう」。これに対してイエスは、「主なる汝の神を試むべからず」と答えました。

第3の試みとして悪魔は、山の上から諸国を示し、「我にひざまずけば、これらは汝のものとなる」と言いました。これに対してイエスは、「主なる汝の神を拝し、ただ之にのみ事《つか》へ奉《まつ》るべし」と答えたのです。

大審問官は、これらのキリストの回答を批難します。

大審問官は、「人はパンのみにて生くるにあらず」というイエスの教えを人間に要求するのは酷だと言います。

「かよわい、永遠に汚れた、永遠に卑しい人間種族の目から見て、天上のパンを地上のパンと比較できるだろうか？」「ほかならぬこの地上のパンのために、地上の霊がお前に反乱を起し、お前とたたかって、勝利をおさめる」

そして、奇跡を基礎として地上の王国を建設すると宣言するのです。

1989年天安門事件

大審問官は、現実の歴史の予言でした。

ロシアにはスターリンが現れ、共産主義の天国を建設すると約束しました。

しかし、この試みは失敗しました。人民にパンを与えることができなかったのです。

１９８９年は、東ヨーロッパに政治的な地殻変動が起きた年でした。そのとき、中国も天安門事件という大きな政治的問題に直面したのです。

それに先立つ１９８６年、中国共産党総書記（党主席制が廃止された後のトップ）の地位にあった胡耀邦《こようほう》が、「百花斉放・百家争鳴」を再提唱して言論の自由化を推進し、国民から「開明的指導者」として絶大な支持を集めました。しかし、直後に党内権力闘争に敗れて失脚。89年4月に心筋梗塞で死去しました。

これを契機に、北京の複数の大学の学生を中心とした約1万人が北京市内でデモを行ない、その後民主化を求めて天安門広場に面する人民大会堂前で座り込みのストライキを始めました。

5月には、北京市内に戒厳令が敷かれました。そして、ブダペストにもプラハにもそしてベルリンにも現れなかった戦車が、6月3日の北京には現れたのです。そして、人民解放軍の戦車は、人民に砲口を向けました。

11月にベルリンの壁が崩壊し、12月にはルーマニアのニコラエ・チャウシェスクが処刑されました。しかし、中国の権力者は安泰だったのです。

ユーラシア大陸の西と東では、結果に大きな違いが生じました。

東ヨーロッパやソ連と同じことが、なぜ中国では起きなかったのでしょうか？

基本的な理由は経済にあったと考えることができます。ソ連や東ヨーロッパでは、社会主義経済の非能率性が限界に達していました。だから、体制を維持しようとしてもできなかったのです。これに対して中国では、すでに市場経済化が進展しており、経済成長率は高まっていました。

学生や知識人の呼びかけは、一般民衆を動かすことにはならなかったのです。大多数の人たちにとって、政治的なイデオロギーや民主化よりは、「明日は今日より豊かになる」という期待のほうが重要なのです。それは、「白猫黒猫論」や「先富論」という言葉で表されていました。

『カラマーゾフの兄弟』の中で、大審問官がすでに予言していたことが実現したのです。

3 『カラマーゾフの兄弟』：アリョーシャと「カナの婚礼」

アリョーシャの信仰が揺らぐ

では、イヴァンが語った「大審問官」に、アリョーシャは説得されたのでしょうか？

そうではありませんでした。

それが、もう一つの挿話であるゾシマ長老との関係で語られます。

彼の生涯は、「いまは亡き司祭スヒマ僧ゾシマ長老の生涯より」として記されています。これは、長老自らが語った言葉を、アリョーシャが編纂《へんさん》したものです。この中でとくに、「神秘的な客」（ある社会的に有力な人が、殺人を犯したと告白する話）は感動的です。

この説話は、ゾシマ長老の最後の日に語られたものです。彼は、これを語った夜、息を引き取ったのです。

偉大な聖人の死を悲しんで、多くの人が修道院にやって来ます。ところが、長老の遺体から腐屍《ふし》のにおいがしてくるのです。非の打ち所のない聖人が死臭を発したことに、人々は動揺します。

アリョーシャも神への疑念を抱きます。このとき、アリョーシャの信仰は根底から揺らいだのです。

初めての奇跡は、なぜカナの婚礼で？

なぜ長老の遺体が死臭を発したのか、その意味がアリョーシャには分かりません。

長老の遺体が置いてある庵室《あんしつ》に戻ったアリョーシャは、パイーシリイ神父が「ガリラヤのカナ」（ヨハネ伝、第2章）を朗読している声をぼんやりと聞きます（第3部、第7編の4「ガリラヤのカナ」）。

カナの町で婚礼があり、キリストも母マリアと参加しました。婚礼の途中で葡萄酒がなくなったとき、マリアがキリストに「葡萄酒がありません」と言います。キリストが水がめに水を汲むように命じると、水が良い葡萄酒に変わるのです。

アリョーシャは、この箇所を読む僧の声を遠くに聞きながら、睡魔に襲われて眠ってしまいます。

そして「キリストが奇跡を行なうにあたって訪れたのは、悲しみの場所ではなく、人間の喜びであり、はじめて奇跡を行なって人間の喜びに力を貸したのだ」と夢の中で思い始めるのです。

夢にはゾシマ長老が現れて、アリョーシャに言います。

「愉快に楽しもう」枯れた老人はさらにつづける。

「新しい葡萄酒を、新しい偉大な喜びの酒を飲むのだ、どうだ、この大勢の客は？」

（中略）「愛ゆえにわれわれと同じ姿になられ、われわれとともに楽しんでおられる。客人たちの喜びを打ち切らせぬよう、水を葡萄酒に変え、新しい客を待っておられるのだ。たえず新しい客をよび招かれ、それはもはや永遠になのだ」

アリョーシャの覚醒

そう長老が言ったところで、アリョーシャは目を覚まします。

アリョーシャはたたずんで眺めていたが、ふいに足を払われたかのように地べたに倒れ伏した。

何のために大地を抱きしめたのか、彼にはわからなかったし、なぜこんなに抑えきれぬほど大地に、大地全体に接吻《せっぷん》したくなったのか、自分でも理解できなかったが、彼は泣きながら、嗚咽《おえつ》しながら、涙をふり注ぎながら、大地に接吻し、大地を愛することを、永遠に愛することを狂ったように誓いつづけた。

大地にひれ伏した彼はかよわい青年であったが、立ちあがったときには、一生変らぬ堅固な闘士になっていた。そして彼は突然、この歓喜の瞬間に、それを感じ、自覚したのだった。アリョーシャはその後一生を通じてこの一瞬を決して忘れることができなかった。「だれかがあのとき、僕の魂を訪れたのです」後日、彼は自分の言葉への固い信念をこめて、こう語るのだった……。

（『ドストエフスキー全集』原卓也訳、新潮社、1978年）

ドストエフスキイを読んで、初めて聖書が理解できたところが沢山あります。この場面もそうです。

「イエスの最初の奇跡が、水を葡萄酒に変えるという、どうでもよいようなものであるのはなぜか？」という疑問を私は長年抱いていました。

ルーブル美術館には、「カナの婚礼」の大きな絵があるのですが、どうしてこの場面がこれほど大きな絵に描くほどに重要なのか、理解できないでいました。『カラマーゾフの兄弟』のこの場面を読んで、その答えを得ました。

小林秀雄「カラマアゾフの兄弟」（『ドストエフスキイ』）は、不思議なことに、この場面について一言も触れていません（この論考は「未完」とあるので、将来書くつもりだったのかもしれませんが）。「大審問官」については、長々と述べているにもかかわらず。『カラマーゾフの兄弟』に関する他の多くの論考が同じように、「大審問官」を重視して「カナの婚礼」を無視しています。

しかし、ドストエフスキイが本当に描きたかったのは、大審問官ではなく、カナの婚礼のほうではなかったかと、私には思えるのです。

奇跡に関する深刻な矛盾をどう考えるか？

私はつねづね、キリスト教における最大の難問は、奇跡の扱いだと考えていました。

先に述べた「マタイ伝」第4章におけるキリストの悪魔に対する答えは、いずれも、奇跡の明確な否定です。そしてこれは、現世的利益を否定することと一貫します。

それにもかかわらず、キリストは、奇跡を行なっているのです。

これは明らかな矛盾であるわけで、その矛盾をどう考えたらよいのかは、私にとって長い間の疑問でした。

矛盾は、それだけではありません。奇跡は、人間が求める最たるものですから、説得者が奇跡を起こせる能力があることを示せば、人々は一瞬のうちに説得されてしまいます。

だからこそ、キリストは奇跡を行なったのでしょう。

しかし、奇跡は現実の世界では起こらないのです。

ソーニャが宝くじに当たって突然百万長者になるといったことは、決して起きません。またラザロのように、一度死んだ者が生き返ることもありません。もちろん、ソーニャは、そのことを十分すぎるほど承知しています。

しかし、それにもかかわらず、現実の世界において奇跡は起こるのです。ただし、奇跡は、死者がよみがえったり、水が葡萄酒になったりするというような物理的現象として起こるのではなく、人間の心の中で起こるのです。

『罪と罰』で言えば、ソーニャの朗読を聞いたラスコーリニコフの心の中で起こったのです。『カラマーゾフの兄弟』においては、夢を見たアリョーシャの心の中で起こりました。

そして、それを引き起こすきっかけとなったのが、聖書の中にある奇跡物語、つまり、ラザロの復活であり、カナの婚礼であったのです。

これらの記述は、比喩のようなものだと言っても良いでしょう。しかし、それを読んでいる者は、比喩だと考えているのではなく、現実の出来事として信じているのです。それがために、現実の世界で奇跡が引き起こされたのです。

長年の疑問に対する答えが、近ごろ、やっと分かってきたように思っています。

第7章　歴史ほど面白い物語はない

1　日本史のクライマックス：日本海海戦

もし日本海海戦がパーフェクトゲームでなかったら？

日本の歴史は、日本海海戦の日にピークに達し、それ以降は下る一方だ、と私は思っています。

この見方によると、司馬遼太郎『坂の上の雲』で描かれているのは、日本の歴史のクライマックスです。

もしこの海戦で負けていたら、日本はロシアの属国となり、考えるだけでも恐ろしい悲惨な歴史が展開されたでしょう。

海戦が日本の完勝にならずにバルチック艦隊がウラジオストックに逃げ込んだだけで、大陸の日本陸軍は孤立し、日本は降伏した可能性が高いのです。そうなれば、われわれはシベリアの流刑地で生まれることになったでしょう。

しかし、ひねくれた見方をすると、あれほどのパーフェクトゲームでなければ、日本人は自己陶酔に陥ることはなく、したがって、その後の歴史はもう少しましなものになっていたのではないでしょうか？

ロシア帝国の大艦隊が「ヘンナ　カタチ」に

１９０５年５月27日、接近してくるバルチック艦隊が、一艦また一艦と濛気《もうき》を破って視野に入ってきたとき、戦艦三笠の艦橋に立つ連合艦隊司令長官、東郷平八郎は、「ヘンナカタチダネ」とつぶやきました。

ロシア帝国の大艦隊が「ヘンナ　カタチ」になってしまったのは、直接的には、日本の巡洋艦を追い払おうとして陣形が乱れたためです。ただし、基本的には、対馬海峡に現れたときすでにバルチック艦隊はフラフラになっており、戦闘に臨む最低条件すら満たせない状態になっていたからです。

そうなったのは、イギリス海軍が執拗《しつよう》に妨害したからです。バルチック艦隊がリバウ軍港を出航した直後から、世界一の操艦技術を持つイギリス海軍の高速駆逐艦が接近して、進路を妨害しました。

そして、半年以上にわたる地球半周の大航海の途中で、寄港できたのは、フランス領であるマダガスカル島とベトナム・カムラン湾くらいしかありませんでした。

あのイギリス人に邪魔されたのでは、さぞや精根尽き果てたことでしょう。

日本がこれまで持った最も有能な指導者

バルチック艦隊大回航の苦難を、東郷がどの程度知っていたのかは明らかでないのですが、陣形を見て、一瞬のうちに敵艦隊の状況を把握したことは間違いありません。

だからこそ、「敵前大回頭」の決断ができました。

これは、大胆不敵で非常識極まりない、一か八かの大博打です。旋回中は、こちらからは発砲できず、相手から見ればほとんど静止状態の標的になるからです。

先頭艦から一隻ずつ撃沈され、日本艦隊が消滅してしまう危険が十分ありました。実際、ロシア側では、「東郷狂せり」と歓呼があがったといいます。

しかし、回頭に成功すれば、敵艦隊と並進できるので、砲撃精度に自信がある日本艦隊としては、敵艦隊を殲滅《せんめつ》するまで砲撃を続けられます。東郷には、回頭が成功する十分な成算があったに違いありません。

「東郷の右手が高くあがり、左へむかって半円をえがくようにして一転した」と司馬は描写しています。

これほど有能な指導者を、日本はその後、一度も持ったことはありません。今後も、未来永劫《えいごう》ないでしょう。これは、日本が頂点を極めた瞬間の光景なのです。日本人が読んで泣いてしまうのは、当然です。

「乗せられている」とは分かっているが

それに、司馬は「小ざかしき猿どもを懲らしめよ」というロシア皇帝ニコライII世の言葉を何度も引用して、日本人の敵愾心《てきがいしん》をいやがうえにも煽《あお》ってくれます。

これを読んだ読者は、「乗せられている」と分かっていても、大喜びで乗って、大泣きしてしまうのです。こんなに泣ける本はないでしょう。とても人前では読めない本です

（なお、海戦の様子は、１９０５年６月２日付のニューヨークタイムズで報道されました。

この紙面は、いまでも読めます。驚嘆すべき電子新聞の威力！）。

私の経済学の恩師ヤコブ・マルシャック教授は、ロシア生まれのユダヤ人で、革命後のグルジア（ジョージア）共和国メンシェヴィキ政権で副首相を務めた人です。

彼が私に発した最初の質問は、「オオヤマを知っているか？」というものです。一瞬何のことか分からなかったのですが、「日露戦争がロシア革命の引き金になった」という説明を聞いて、何とも誇らしい気持ちになりました。これは、１９６８年、私が最初にアメリカに留学したときのことです。

ハードウエアの勝利でなく、ソフトパワーの勝利だった

ところで、『坂の上の雲』を読んでわれわれは泣くのですが、本当のことを言えば、泣いてばかりはいられないのです。

なぜなら第1に、日本海海戦の勝利は、半分くらいはイギリスのおかげだからです。すでに述べたように、日本海にたどり着く前に、ロシア艦隊をフラフラにしてくれたからです。私は『坂の上の雲』を読んで以来、「イギリス人はあまり好きではないけれど、足を向けては眠れない」と思っています。

もちろん、狡猾《こうかつ》なイギリス人のことですから、親切心でやってくれたわけではありません。国際情勢の展開を睨《にら》んだ冷徹な計算がありました。

しかし、列強のパワーバランスを読んで日英同盟を締結した日本の外交も、相当のしたたかさです。これが勝利の第2の要因です。

つまり、日本海海戦は、単なる軍事力の勝利ではなく、日本の総合力の勝利だったのです。いま風の言葉で言えば、ハードウエアの勝利ではなく、ソフトパワーの勝利です。

「奮励努力だけでは勝てない」と教えるべきだった

しかし日本人は、そうした一切を忘れ、軍事力の礼賛と精神主義に走りました。実力以上の勝利だったのに、ポーツマス条約に不満を抱いて焼打ち事件を起こし、東郷を神格化して神社さえ建てました。

日本海海戦の名文句として後世に残されたのは、余裕と合理性に満ちた東郷の言葉ではなく、「皇国の興廃、此の一戦に在り」という、Z旗の緊張しきった精神訓令です。

本当は、「奮励努力だけでは勝てない」と教えるべきだったのです。

私は、第二次世界大戦のことだけを言っているのではありません。「軍事力」を「技術力」と置き換えれば、いまも少しも変わらぬ日本の姿です。

日本海海戦は、パーフェクトゲームでした。しかし、あまりに完璧な勝利だったため、日本人は罠に落ち込んでしまったのです。100年以上経った今となっても、まだ抜け出せません。

2 500年前、地球周航に挑んだ男

「はじめに香辛料ありき」

シュテファン・ツヴァイク、『マゼラン』は、「ツヴァイク節」満載の歴史講話で、感涙にむせぶこと間違いありません。これは、ドイツ語の講談です。

『マゼラン』は、「はじめに香辛料ありき」という言葉で始まります。

どういう意味かと言えば、「人類最初の地球周航を果たしたマゼラン（フェルナン・デ・マガリャイス）の艦隊の目的が、地球の形状を確かめることでもなく、キリスト教を広めることでもなく、金儲けだった」ということです。

「金儲け」というのがあまりに直接的なら、「商業的利益の獲得だった」ということです。

「香料諸島にいたる西回りのルートを見出すこと」、それが航海の目的だったのです。

そして、その目的は達成されました。なぜなら、帰還した1隻が積んできた香料の価値は、出航した5隻の船の建造費を上回ったからです。

つまり、この航海は、ビジネス的な観点から見て、大成功だったのです。もっとも、それは、航海の途中で失われた人命――その中にはマゼラン本人も含まれています――の損失をカウントしなければの話ですが。

金儲け目当てに航海に出て、人類の歴史を変えた

金儲けを目当てに航海に出たところ、人類の歴史を変える大発見をしてしまった！

これは、マゼランにかぎったことではありません。クリストファー・コロンブスもヴァスコ・ダ・ガマも、航海の目的は、すべて金儲けでした。「大航海」とは、イスラムの領土を通らずに東方貿易をするための方法の探索だったのです。

それに成功して、それまでイタリア都市国家によって独占されていた東方貿易に、スペインとポルトガルが参入しました。そして、思いもかけずに「発見」した新大陸によって、ヨーロッパが世界を制覇する時代が訪れることになったのです。

コロンブスにいたっては、自分が成し遂げた空前の偉業の意味さえ理解していませんでした。

彼は、４回航海を行なったのですが、到達したのはインドだと、死ぬまで信じていました。インドから数万キロも離れたカリブ海の島が「西インド諸島」と呼ばれるのも、アメリカ先住民が「インディアン」と呼ばれるのも、コロンブスの壮大な思い違いのためです。

出鱈目な地図に惑わされて彷徨

１５１９年９月20日、マゼラン率いる５隻の船が、スペインのサンルーカル・デ・バラメーダを出港しました。

西回りで香料諸島に達する航路が実際に存在するのかどうか、確たる根拠は何もありませんでした。マゼランは、その航路が必ず存在すると信じて航海に出たのですが、彼の信念の根拠であった秘密の地図は、出《で》鱈目《たらめ》でした。

地図に海峡と記されていたのは、実は、巨大な川（ラプラタ川）の河口だったのです。

このため、彼の艦隊は、あてどのない絶望的な探索を、１年近く余儀なくされました。

さらにいくつかの岬で裏切られたあと、越冬のため、南緯49度にあるサン・フリアンに上陸しました。

船員の間に不安が広がります。冬が訪れて船団が動けなくなってからは、とりわけそうでした。そして、ついに暴動が起きます。荒涼としたこの地で暴動が起きたのは、当然のことです。

何とか暴動を鎮圧したのち、マゼランは、5月末にサン・ティアゴ号を偵察に派遣しました。しかし、この船は嵐で難破してしまいます。

目的地の目前で半年以上足踏み

艦隊がサン・フリアンを出航したのは8月24日ですが、2日後の8月26日に、サンタ・クルス川に到達しました。

ここは、実は、本当の海峡の入り口のすぐ近くだったのです。

しかし、それとは知らぬマゼランは、2ヶ月もここに停泊して南半球の春を待ちました。運に見放されたマゼランは、成功の一歩手前まで来ながら、不安と疑いにさいなまれて、2ヶ月間を無為に過ごしたのです。

その間に彼の心に去来したのは、この大陸は南極までずっと続いていて、新しい大洋への出口など存在しないという、恐ろしい想念だったでしょう。

出航は10月18日です。あとになって振り返ってみれば、海峡の入り口である処女岬発見のわずか3日前です。

つまり、サン・フリアンから処女岬までは、直航すれば5日しかかからないのです。それにもかかわらず、3月末から10月までの半年以上、南半球の冬の期間、無駄な足踏みをしていたことになります。

もし彼が本当の地理を知っていたら、ラプラタ川の探索に半月も費やさなかったでしょう。そして、反乱も起きなかったでしょう。だから、3月中に海峡に到達し、冬が到来する前にそこを抜け出て、半年以上早く太平洋の航海を始めることができたでしょう。そうであれば、あとで述べる地獄の航海であった太平洋の横断も、だいぶ違うものになったでしょう。

しかし、当然のことですが、これは、マゼランがもたらした知識があるからこそ言えることです。最初の挑戦者は、あとに続くものとはまったく異なる困難に直面するのです。マゼランの航海をいくら賞賛しても足りないのは、それが前人未到の企てだったからです。

「答えはあるのか？　それともないのか？」

これこそが、あらゆる知識の中で、最も重要で、最も必要とされる知識です。マゼランの最大の困難は、この知識を持っていなかったことです。

つぎつぎに祝砲が発射された

探索に出た2隻は、いつになっても戻ってきません。またしても遭難したのでしょうか？

見張りが見つけたのは、帰ってくる船ではなく、遠方に上る煙の柱であった。発煙信号は常に、難破者が助けを求める意味のものである。

マゼランが救助ボートをおろしたその瞬間に、転機が訪れます。

一隻の船だ！　ありがたや、少なくとも一隻は助かったのだ。いや、二隻だ、二隻である。

しかし見ろ、あれはなんだ？（中略）左舷から一度、二度、三度と閃光が走り、砲撃の轟音が山から大きなこだまとなって返ってきた。

ありとあらゆる旗や吹流しがかかげられているのか？ なぜ船長や水夫たちが合図したり叫んだりしているのか？

しかし彼らはみんな同時に、そしてマゼランが最初に、こう感じた。これこそ、勝利の言葉なのだ！ と。

（『マゼラン・アメリゴ』関楠生・河原忠彦訳、みすず書房、１９９８年）

孤独の船は、砲声をとどろかせて、未知の海にあいさつした

ところで、１５２０年10月末の時点で出口が見つかったわけではありません。どこまで行っても海水が続いており、潮の干満が岸に一様にしるされていることから、海峡だろうと推測したにすぎません。

ツヴァイクは、艦隊が海峡に入ってゆくさまを、つぎのように描写しています。

> 人類最初の四隻の船が、永遠のむかしから人間の通ったことのないこの沈黙した黒い海峡に、はじめて静かに音もなくすべりこんで行くさまは、ふしぎな、幽霊のような光景だったにちがいない。おそろしい沈黙が彼らを待ちうけていた。海岸の丘は磁石山さながらに金属のように硬直し、このあたりではいつも雲にとざされている空は、重苦しく垂れこめ、水は黒くかげっていた。

海峡通過には、実にひと月近くかかっています。マゼラン海峡はまっすぐな水路ではなく、複雑に入り組んだ地形で、浅瀬が多く、しかも暴風が吹き荒れています。世界でも稀《まれ》な難所であることは、あとで分かったことです。艦隊に損害が生じなかったのは、彼らの操船技術が極めてすぐれていたことを示しています（ただし、このときに、艦隊中の最大艦であるサン・アントニオ号が逃亡しました）。

そして、彼らはついに海峡を通過しました。艦隊が海峡を抜けて太平洋に出たとき、人類は、その長い歴史の中で最も偉大な瞬間の一つを経験したのです。

その様子をツヴァイクは、「（マゼランは）いまだかつてヨーロッパの船が通ったことのない新しい海が、果てしなく波打っているのを見た。それははげしく心をゆさぶられる眺めであった」と、まるで見てきたかのように記しています。

そして三隻の小さな孤独の船は、砲声をとどろかせて、うやうやしく未知の海にあいさつした。

もしタイムマシンが発明されて、望む時代の望む場所に行けるようになったら、是非ともこの場に居合わせたいものです。

この日は1520年11月22日。このときから500年目が、もうじきやってきます。

浮かぶ病院、移動する隔離病舎と化した艦隊

本当の苦難の航海は、しかし、艦隊が太平洋に出てからあとのことだったのです。どこまで行っても陸はなく、果てしない海が続くだけ。マゼランの艦隊は、幽霊船団のように太平洋をさまよい続けました。

ツヴァイクの表現によれば、つぎの通りです。

人間の占めるわずかな空間にあるのも、いつも同じものばかりである。同じ帆、同じマスト、同じ甲板、同じ錨、同じ大砲、同じテーブル。船腹の内臓からはいつも同じ、腐ったもののいやな甘ずっぱい悪臭が、くすぶるようににおってくる。

数ヵ月前にはまだ元気潑剌《はつらつ》として大胆に、はしごを上り下りし、あらしのときに帆《ほ》桁《げた》に索具をつけた若者も、頬を落ちくぼませ、土気色の顔をして幽霊のようにふらついた。彼らは今では病人のようによろめくか、疲れきってござの上に寝ていた。人類史上最大の冒険の一つに乗り出した三隻の船のどれにも、もうとうてい水夫とは思えない人々ばかりが住み、どの甲板も浮かぶ病院、移動する隔離病舎と化したのである。

そして、彼らはあらゆる食料を食べ尽くし、最後は、帆桁についている牛の革まで食べました。

１５２１年３月６日、ついに陸地が発見されました。マゼランは、目的地である香料諸島に着いたものと誤認したのですが、実は、彼らは、未知の群島に辿り着いたのです。彼はモルッカ諸島、つまり香料諸島を探しながら、フィリピン群島を発見したのです。

しかし、ここに滞在中、先住民とのいさかいが起こり、マゼランはそれに巻き込まれて命を落とします。

「彼の墓はどうなったかわからない。地球を環流する無限の大洋から最後の秘密をうばいとった人物の痕跡は、未知の境に謎を秘めたまま失われてしまったのである」とツヴァイクは書いています。

そして、指揮官を失った艦隊は、１５２１年12月21日、スペインへの帰路につきました。

地球を一周したら、1日が失われていた

地球周航を目前にしたビクトリア号がアフリカ西海岸ヴェルデ諸島まで帰還したのは、１５２２年７月で、航海日誌では水曜日でした。ところが、陸では木曜日になっていました。

ビクトリア号から1日が失われていた！

マゼラン艦隊のこの知らせは、全ヨーロッパに驚愕《きょうがく》と衝撃を与えました。なぜこんな奇妙なことが起きたのか？

いまでは、この理由は完全に分かっています。私なりに説明すると、つぎの通りです。

時刻は、太陽の位置で測るものとしましょう。艦隊がスペイン、グアダルキビル川の河口サンルーカル・デ・バラメーダを出港したのは、1519年9月20日です。

最初に、非現実的な想定ですが、艦隊は西向きに太陽と同じ速度で進んだものとしましょう。出港したのが正午だったとし、地球を一周して帰還すれば、サンルーカルでは21日の正午です。しかし、ビクトリア号では、太陽はずっと真上だったので、20日の正午のままです。つまり、陸上と船上では、1日の差が生じることになります。

つぎに、艦隊は太陽よりほんの少しだけ遅い速度で進んだとします。帰還時にサンルーカルで太陽が午後1時の位置にあったとすれば、ビクトリア号では20日の午後1時です。ここでも、1日の差が生じています。

艦隊の速度をどんどん遅くしていっても、同じ論理で、帰還したビクトリア号とサンルーカルの間でちょうど1日の差が生じるのです。

マゼランの3大発見とは

マゼランの艦隊は、自然科学上の3つの発見をしました。地球を周航できること。一周すると1日ずれること。これらについては、すでに述べました。

もう一つは、マゼラン雲です（先住民はもちろん知っていたでしょうから、「ヨーロッパ人にとっての発見」という意味です）。

これは、われわれが住む銀河系の伴銀河です。大マゼラン雲は銀河系から約16万光年のところに、小マゼラン雲は約20万光年のところにあります。どちらも北半球では見ることができません。

私は、ちょうど大マゼラン雲が見える時期に、オーストラリアを訪れたことがあります。大マゼラン雲は、北斗七星のひしゃく程度の大きさに広がっていて、雲のように見えます。いつも同じ場所にあるから雲ではないと分かりますが、北半球に住む人間にとっては、神秘的で奇妙な光景です。肉眼で見ているかぎりぼんやりと白い広がりが見えるだけですが、銀河系の弟の宇宙を見ているのだと思うと、そして、そこにはどんな知的生命がいるのだろうと考えると、不思議な気持ちになります。

われわれがいま見る光がマゼラン雲を出発したのは、地球にホモ・サピエンスが出現する前のことなのです。

12月頃に見えます。この季節に南半球に行きながら「見なかった」という人が多いので、「何ともったいないことを！」と叫んでしまいます。

3 世界一の大金持ちになり損ねた男の話

文明から離れた地に農業帝国を建設

カリフォルニア・ゴールドラッシュの歴史で最初に登場するのは、ジョン・サッターです。

ツヴァイクは、『人類の星の時間』の「エルドラード」で、サッターの物語を描いています。

サッターは、ドイツ、バーデンの生まれ。1834年、31歳の彼は、膨大な負債を払いきれず、妻と3人の子供を残したまま、故郷を捨てて、アメリカに逃れて来ました。

そして3ヶ月かけて西海岸に辿り着き、その当時はメキシコ領だったさびしい漁村にやって来たのです。この場所は、いまではサンフランシスコと呼ばれています。

この北にある、いまではサクラメントと呼ばれている谷が肥《ひ》沃《よく》であることを発見し、開墾の許可を1839年にメキシコ人の知事から得ました。

彼の夢は、この地に、農業帝国「新ヘルヴェチア」（新スイス）を築くことでした。

何年間もの努力によって、彼の夢はほぼ実現しようとしていました。そして、１８４４年に、ドイツから家族を呼び寄せることができました。47年の暮れ、サッターは、農場の北にある、いまではアメリカン・リバーのコロマと呼ばれる土地に、製材所を建設していました。農場で使用する材木を作るためです。

黄金が公然と地上にころがっていた

１８４８年1月24日は、快晴で冷たい朝でした。

サッター農場の使用人である水車大工のジェイムズ・マーシャルは、製材所にある水車用導水路を掃除するために、前日から導水路の水量を落としていました。

水の少なくなった水路の底に、何かが光っているのが見えました。

金ではないか？

真剣な面持ちでその塊を農場に持ち帰ったマーシャルとサッターは、酸をかけたり、秤《はかり》にかけて比重を調べたりしました。

それが金であることに、いささかの疑問もありませんでした。しかも、最高純度の金です！

翌日、彼らは再びコロマに出かけ、周囲を念入りに調べました。運河の水をせき止め、砂をふるいに入れて少し振ると、金の粒が網の上に残って、キラキラと光っていました。黄金がこれほど簡単に採取できる形で、公然と地上にころがっているなど、人間の歴史においてこれまでなかったことです。

その土地は、サッターの所有地なのです。彼は、突然、世界で最も富んだ人間になったことになります。

金の秘密は漏れ、世界中から人々が押し寄せた

サッターは、金発見の秘密を守るように、使用人に厳命しました。

しかし、秘密は漏れました。

ツヴァイクが「エルドラード」で書いているところによると、1週間のうちに秘密が漏れ、サッターの農場で働いていたすべての人々が仕事を放りだして、金の採掘を始めました。それだけでなく、アメリカ中の都市から、そして全世界から人々が集まってきたというのです。

ツヴァイクの文章を鵜《う》呑《の》みにすると、あっという間に全世界から人々がカリフォルニア

に殺到してきたように思えます。しかし、実際には、それほどドラマチックではなかったようです。

当時のカリフォルニアは世界の果てのような辺境地であり、ツヴァイクの言うように素早く情報が伝わったわけではないのです。それに、他の地域に住む人々が仮に情報を入手できても、カリフォルニアまで行くのは大変なことでした。アメリカ東海岸からは、半年以上の難儀な旅を続けなければ辿り着けなかったのです。

黄金を求めて人々が全世界からこの地に殺到したのは、１８４９年のことです。このため、金採掘者は、いまでは「フォーティナイナーズ」（49年の人々）と呼ばれています。

金を発見したために人生を狂わされた

サッターが入植した当時のカリフォルニアは、メキシコ領でした。そして、統治主体が事実上存在しない土地だったのです。そこは、最終的には暴力が支配する無法の土地でした。

したがって、土地所有権は確立されていませんでした。このため、採掘権確保に高い許可料を払う必要はありませんでした。また、金が発見されたからといって、軍隊がそこを封鎖して立ち入り禁止地帯にすることもできませんでした。

このため、全世界から群がってきた金採掘者たちは、サッターが営々と築き上げた農園に侵入し、それを踏みつぶしました。彼の財産は、暴徒によって略奪され、破壊されました。サッターは、これに対してなすすべがなく、３人の息子とともに、遠くの農場に避難せざるをえなくなりました。

やっと１８５０年になって、カリフォルニアは、アメリカ合衆国に編入されました。この辺境の地にも、ようやく法と秩序がもたらされたように思われたのです。

そこでサッターは、大規模な訴訟を提起しました。サンフランシスコの土地はすべて自分のものだと主張し、破壊された財産の損害賠償を要求しました。そして、採掘された金に対して応分の権利を主張しました。

これは、膨大な訴訟となりました。サッターは、このために、農場の利益をすべてつぎ込んだのです。それだけでなく、長男をワシントンに送って法律家に育成し、訴訟を担当させました。

１８５５年、判決が下り、サッターの請願はすべて認められました。

彼は、再び世界一の大富豪になったように思われました。しかし、実際はそうはならなかったのです。

判決を知った人々が暴動を起こしたのです。サッターの息子は、３人とも殺害されました。彼の全財産は略奪され、農場は、火の海となりました。

当然のことながら、サッターは、この打撃から立ち直ることができませんでした。

しかも、彼の悲劇はここで終わりません。

彼は精神に異常をきたし、その後の人生を連邦裁判所や議会に対する権利の請願に使い尽くしたのです。

しかし、真面目に彼の要求を聞く者は、一人もいませんでした。それどころか、多くの詐欺師たちが彼を食い物にしました。

１８８０年7月17日の午後、サッターは国会議事堂の階段の上で、１枚の請願書をポケットに入れたまま、発作に襲われて死亡しました。

もし彼が金を発見しなかったら、彼はアメリカ開拓史で最も成功した植民者になったでしょう。金を発見したとき、もし賢明に立ち回ることができたら、歴史に残る大富豪になったことでしょう。少し機転を利かすだけで、一生を何不自由なく過ごせるほどの財産が簡単に得られたはずです。

しかし、実際には、自分の地所に金を発見してしまったために、それまで築き上げてきたすべてを失う羽目になりました。それだけではありません。息子たちの命も犠牲になりました。彼自身の生涯も、ずたずたに引き裂かれました。

彼は、自分のスケールを遥かに超える事態に翻弄され、人生を狂わされてしまったのです。

金採掘者の多くは経済的に破綻した

ところで、サッターの生涯を台無しにしたフォーティナイナーズは、富を手にしたのでしょうか？

これからあとは、『人類の星の時間』には書かれておらず、大いに気になります。そこで歴史を調べてみると、つぎのようなことが分かります。

常識的に考えれば、フォーティナイナーズは、富を手にしたように思われます。なにしろ、アメリカの他の地域での賃金が1日1ドルだったのに対して、カリフォルニアで金を採れば1日25ドル稼げたのですから。

ところが、フォーティナイナーズで財をなした人は、ほとんどいませんでした。それどころか、彼らの多くは、経済的に破滅したのです。なぜでしょうか？

それは、インフレが生じたからです。

カリフォルニアは、住宅、食料、衣料など、生活に必要なものが何もないところだったので、生活必需品が高騰しました。例えば、他の土地で１バレル（約１００リットル）４ドルの麦は、１パイント（約０・５リットル）１ドルになりました。つまり、約50倍になったのです。賃金が25倍になっても、これでは実質賃金は約半分になってしまいます。場所によっては、水すらなかったので、グラス１杯の水が１ドル、場合によっては10ドルにもなりました。

つまり、生活必需品の需要が無制限に増大する一方で供給が不足したために、価格が上昇したのです。経済学の「需要・供給の法則」が、みごとに働いたのです。

「金の採掘者を採掘した」人たち

では、カリフォルニアのゴールドラッシュで、すべての人が経済的に破綻したのでしょうか？

そうではありません。大儲けした人もいました。

最初の成功者は、サンフランシスコの商人サム・ブラナンです。ただし、彼は、金を採掘したわけではありません。

ブラナンは、西海岸にあるすべてのシャベルと斧と金桶を買い占めたのです。

そのあとで、サンフランシスコの通りを、「金だ。金だ。金が発見された！」と叫んで歩きました。そして、20セントで買った金桶を15ドルで売るといった具合で、わずか９週間のうちに、３万６０００ドルを手にしました。

カリフォルニアのゴールドラッシュで財をなした人は、ブラナンの他にもいました。

その一人は、リーバイ・ストラウスです。彼の父はドイツからの移民で、ニューヨークで乾物（ドライフーズ）の商売をしていました。

リーバイは、その商売を継ぎ、カリフォルニアに移住して、フォーティナイナーズに乾物を売り、大成功したのです。

その後、金属リベットを用いたデニムのパンツを開発しました。これが現在のブルージーンズであり、彼の興した会社が現在の「リーバイス」です。

また、ヘンリー・ウェルズとウィリアム・ファーゴは、送金・輸送・郵便のサービスを始めました。当時のカリフォルニアには、安全・確実なサービスの供給がなく、これはフォーティナイナーズが強く求めていたものだったのです。彼らの興した会社は、現在カリフォルニアにあるウェルズ・ファーゴ銀行です。

彼らも、金の採掘をしたのではありません。集まってきた金採掘者たちが必要とするものを提供したのです。しかも、他の人々が容易には模倣できないものを供給しました。彼らの興した事業は、今日においても残っています。したがって、彼らこそが、ゴールドラッシュの真の勝者と言えるでしょう。

以上のことを表すのに、"Mining the gold miners"と言います。

これは、ゴールドラッシュで成功したのは、「金を採掘した人」でなく、「金の採掘者を採掘した人」だったという意味です。

第8章 現実にはありえない世界で遊ぶ

1 『宇宙戦争』：ビクトリア時代の火星人

火星人は蒸気機関を使う

『宇宙戦争』（*The War of the Worlds*）は、Ｈ・Ｇ・ウェルズによるＳＦ小説（１８９８年）。この小説のタイトルは、正しくは『世界間戦争』ですが、『宇宙戦争』という呼び方が定着してしまったため、このタイトルを用いることにします。

私は、この小説の素晴らしい挿絵画集を持っています (Roger Dean, *Magnetic Storm*, Dragons World Ltd, 1985)。

あらすじを紹介しましょう。

火星人は、長い間地球を観測していましたが、ついに地球侵略を開始しました。流れ星がロンドン南西のウォーキング付近に落下。それは、直径30メートルほどの巨大な円筒でした。

翌朝になると、蓋《ふた》が開いて火星人が現れ、熱線で人々を焼き払います。

火星人は、戦闘用トライポッド（3本足の乗り物）を組み立てます。これは、火星人の乗り物です。火星人は、この操縦室にいます。

トライポッドを組み立てる場面の、何といきいきしていることか。蒸気機関で作業をしており、シュッシュッという音が聞こえるのです。彼らは「ビクトリア時代の火星人」なのです！

火星人のトライポッドは、残忍な破壊を続けながら、ロンドンに侵攻。人間はなすすべもなく退却。

そして、火星人のトライポッド3体とイギリス海軍の駆逐艦サンダーチャイルドが対決します。

サンダーチャイルドが砲撃。トライポッドは足に直撃弾を受けて海中に崩れ落ちます。サンダーチャイルドも熱線を受けて大爆発。しかし、サンダーチャイルドは体当たりで、もう1体を撃破。

物語の最後、主人公たちは、新しく落下した火星人の宇宙船が押しつぶした家に閉じ込められてしまいます。しかし、一夜が明けると、辺りは静まり返っています。思い切って外に出ると、火星人は姿を消していました。

火星人は死んでいました。彼らを倒したのは、地球の空気中にいる病原菌でした。

オーソン・ウェルズのラジオドラマでパニックが起きる

この作品は、多くのコピーが作られました。

オーソン・ウェルズは、ラジオドラマを作成し、1938年10月30日に、アメリカのCBSネットワークの「マーキュリー劇場」という番組で放送しました。

このドラマでは、火星人の宇宙船はアメリカ東海岸ニュージャージー、プリンストンの近くに落下し、火星人はニューヨーク市に侵攻します。

実際のニュースのような形で放送されたため、多くの市民が、実際に火星人が侵攻してきたと勘違いし、パニックを引き起こしたと言われます。

1953年には、ジョージ・パルによって映画化されました。これは、私が中学1年生のときです。

舞台はロサンジェルス。直撃弾を受けて海中に崩れ落ちたビクトリア時代の火星人とは違い、ハリウッドの火星人は、原爆にもびくともしません。その非現実さは、中学生だった私をさえ興ざめさせるものでした。

とはいえ、この映画で初めて『宇宙戦争』の存在を知った私は、何とか原作を読みたいと思いました。

ところが、この頃には、翻訳がなかったのです。そこで、日本橋・丸善の洋書売り場に出かけていって、ペンギン・ブックスを買ってきました。

この本の表紙には、「50年以上前に書かれた」とあります。私も「ずいぶん大昔の本だ」と思いながら読んだのですが、それから60年以上経ってしまいました！　感無量です。

苦心惨憺の末、何とか読み上げたのが中学生のときだと思っていたのですが、本に書いてあるメモでは、「1958年4月26日に読み始めて、6月29日（日曜）の11時55分に読み終えた」とあります。

これは、私が高校3年生のときです（受験勉強の間をぬって、こんな本を読んでいたことになります）。さすがに、ペンギン・ブックスの英語は中学生には無理だったのでしょう。

遊びを知らない火星人は、知的ではない

私は、『宇宙戦争』を、最高のSFだと思っています。

ポーランドの作家スタニスワフ・レム（『ソラリスの陽のもとに』などの著者）も、「宇宙戦争論」（『高い城・文学エッセイ』所収、沼野充義ほか訳、国書刊行会、2004年）の中で、『宇宙戦争』を高く評価しています。

しかし、「一点だけ非難するところがある」とし、「それは、火星人に文化が欠けていることだ」として、つぎのように述べています。

> （火星人は）極めて即物的な共同作業――（中略）惑星をうまく征服するための軍事的な共同作業――で用いられる倫理以外の倫理を知らない。行動の動機や思考といった点で、手段としての価値へとこうも徹底的に還元される存在はまずありえない。（中略）知性は、もしそれが本物の知性ならば、生存する特権を与えてくれた生命を維持するために、自らが生産した装置を超えていなければならない。

私も、長い間、似たようなことを考えていました。

H・G・ウェルズの火星人は、蒸気機関を操ったり、砲撃で破壊されるなど、極めてリアルです。それにもかかわらず、火星人は、「遊び」を一切しません。

広大な宇宙空間を克服して地球に飛来できるだけの知性を持ちながら、ひたすら人間を殺戮《さつりく》するだけで、遊ぶことにいささかの関心も示さないのです。

これは、実に不自然な設定だと思いました。

なぜなら、知性は本来的に、無目的的な行為を求めるものだからです。

レムは、「知性は好奇心旺盛でなければならず、常に無私の精神を若干含むという性質がある」と言っています。

「無私の精神」ということの意味は必ずしもはっきりしませんが、「無目的的なこと」、つまり「遊び」と解釈してもよいでしょう。

地球上の生物は、哺乳類や鳥類になれば、ある種の遊びをすることがあります。例えばカラスは、公園の滑り台で滑って遊ぶことがあるそうです。この情報を聞かされたとき、われわれの反応は、つぎのいずれかでしょう。

「カラスがいかに賢くとも、そこまではやるまい」、あるいは「カラスは利口だからやりかねない」。

ここで注意してください。このいずれの反応でも、われわれは、「遊ぶ能力」によって、カラスの知性を測ろうとしているのです。遊びは、知性の証拠と見なされるのです。つまり、遊びは知性の代理変数（プロキシイ）なのです。

この基準を用いれば、H・G・ウェルズの火星人は、カラスに劣る存在だということになります。

「遊び」とは、自己目的的で、ムダなもの

レムは、火星人が人間を研究しないのが不満だとして、つぎのように言います。

> 火星人は少なくとも、われわれがわれわれにとっては無益な甲殻類や植物を究めるくらいには、人間を究めるべきであろう。人類がそれほどまずい餌でないことを知った後、彼らはわれわれの血を吸うだけにとどまらず、人間を生理的観点からも精神的観点からも研究するべきであろう。しかし彼らは、まるで吸血鬼に似た猛獣のように、言わば本能的に行動している。だが、それは私に言わせれば、彼らの実践する道徳が

いかに残酷であるにしても、知性の原則に反しているように見える。

これは若干誤解を招きかねない表現ですが、正確には、「人類がまずい餌であることを知ったとしても、なお」というべきでしょう。

実際、彼は「もし仮に、科学が常に実際に役立つものを発見できそうなことにしか従事しないとなると、大きな進歩は望めない」と、正しく指摘しています。

したがって、レムが言うのは、実用的研究ではなく、純粋に知的な好奇心からなされる研究なのでしょう。そうであれば、彼が言う「研究」は、私が言う「遊び」に含まれるものです。

「遊び」とは、「生存のための合理的な目的に寄与することがないもの」です。それは、自己目的的な行為であり、定義によってムダなものなのです。

2 偽の参考文献とマイケル・クライトンの思い出

「火災が発生しました」

スタンフォード大学の生物学教授ジェレミー・ストーンの自宅で、パーティーが行なわれています。そこに軍用セダンが横付けされ、降りてきた軍服姿の男が、「火災が発生しました」と告げます。

マイケル・クライトン『アンドロメダ病原体』のクライシスは、このようにして幕を開けます。いつかSFを自分で書くことがあれば、是非とも真似してみたい情景です。

この作品は、マイケル・クライトンの処女作ではないのですが、彼の名を全世界に知らしめた出世作です。

宇宙から舞い降りて、赤ん坊と老人以外のすべての住民を死亡させた原因は、いったい何なのでしょうか？　最初から大きな謎が与えられ、その謎をめぐって物語が進行します。

一般に、SFは中核的なアイディアの奇抜さだけで勝負し、ストーリー展開は平板なことが多いのですが、『アンドロメダ病原体』は謎解きの魅力で読者を最後まで離さない作品です。

偽物の参考文献リストを見る楽しさ

この本のもう一つの魅力は、細部にあります。とくに参考文献です。ここに偽物が紛れ込んでいることは、ストーン教授の論文が入っていることからすぐに分かるのですが、では、その他の論文は？

いかにも本物らしい偽物の参考文献リストを見る楽しさは、アメリカの大学院で参考文献の拷問に苦しめられた者でないと、分からないでしょう。

講義で配られるシラバスには、大量のリーディングリストがついています。講義までに必ず目を通しておくべき基本文献です。しかし、それらは異常に大量であり、異常に難しい。とくに若い助教授が作ったリーディングリストだと、「俺はこれだけ勉強したのだぞ」とひけらかすマゾヒズム的なものが多く、学生にとっては悪夢以外の何ものでもありません。

これでパロディをやってみたいとは、誰もが考えることとです。クライトンはハーバード大学医学部の出身ですから、リーディングリストに悩まされたことは間違いありません。アンドロメダの参考文献リストをどんなに楽しんで作ったか、私には容易に想像できます（これも、いつか真似してみたいアイディアです）。

知的な遊びは、その後失われた

ところが、こうした知的な遊び感覚は、映画化されて失われました。映画の常として、映像の面白さとストーリー展開だけが強調されることになりました。多くのファンは、映画を見て失望したと思います。

しかし――これは私の想像にすぎないのですが――、クライトン自身は、映画の魅力にとりつかれたのではないでしょうか？　事実、彼のその後の作品は、アンドロメダに見られた知的な楽しさではなく、映像の面白さを追求するものが多くなりました。

例えば、クライトンが脚本を執筆し、監督した映画「ウエストワールド」で追求されている面白さは、ストーリー展開というよりは、ユル・ブリンナー演じるロボットの不気味さです。

大ヒットした「ジュラシック・パーク」では、映像中心主義はもっと明白になっています。この作品の主人公は、よみがえった恐竜たちです。もちろん、恐竜が動くところを見てみたいとは、誰しも望むところであり、ジム・クラークが率いるシリコン・グラフィックスのＣＧがそれを満喫させてくれるのは事実ですが。

こうして、『アンドロメダ病原体』が、サイエンスフィクションとしては、マイケル・クライトンの最高かつ最後の作品になってしまいました。ファンの立場からすると、これは少しばかり残念なことです。彼の才能を最大限に発揮して、奇想天外な物語を作ってほしかった……もっとも、出世作を超えられないのは、彼にかぎったことではなく、多くの作家や芸術家にごく普通に見られる現象ではありますが。

素晴らしく魅力的な人だった

ところで、大分前、『エアフレーム』の翻訳書出版のPRでクライトンが日本を訪れたとき、ある雑誌が彼との座談会を企画してくれました。

もちろん喜んで引き受けたのですが、会う前に、どんな人柄なのだろうと心配したのは事実です。アメリカの経済学者の多くがそうであるように、尊大で傲慢な人だったらどうしよう。これまで持っていたイメージが壊れてしまったら、とても残念だ。

会ってみて分かったのは、彼は知的であるだけでなく、最も礼儀正しいアメリカ人の一人であったことです。

それまで疑問に思っていたことをいくつか尋ねてみました。第1に、引用文をどのようにして探したのか？ アンドロメダには実に適切な引用が随所にあるのですが、これほどぴったりした文章をどうやって見つけたのか？

これに対する彼の答えは、仰天でした。これらの引用は、創作なのだそうです。考えてみれば、全体がフィクションなのですから、引用がフィクションであっても、何の問題もありません。

事実、フィクションを読む楽しさとは、「だまされる楽しさ」なのです。「だまされた！」とあとになって気づくときが、最高の瞬間です。したがって、アンドロメダは、楽しさを2度与えてくれたことになります。

もう一つ質問したのは、「雑誌に連載を書いているか？」です。彼の時間の使い方に興味を持っていたからです。

これに対する答えは、「私の仕事は本を書くこと。そのために連載は邪魔になる。本の執筆に集中するために、連載はしていない」というものでした。

私はこの答えにショックを受けました。私は雑誌の連載をいくつか持っていたからです。私にとって連載は意見発信のための貴重な場であり、それ自体が目的と言えるものですから、いまでも書いています。ただし、彼の答えがいつまでも耳に残っているのは事実です。

これに関連して、彼は、「毎年、一人で外国旅行する機会を必ず作る」と言いました。「家族を連れずに一人で」というのは、アメリカ人としては、かなり異常な行動です。彼は、旅行の期間を、自分自身を見つめる時間にあてているのでしょう。これも非常に印象的な言葉でした。

一番長生きしてほしい人が、一番早く亡くなってしまいます。それが世の常であるとはいえ、とても悲しいことです。

早川書房刊の『アンドロメダ病原体』の翻訳書にもらったサインは、私の宝物です。

3 全長50キロの宇宙船が太陽系に侵入

すれ違いファースト・コンタクト

SFに「ファースト・コンタクト」というジャンルがあります。まったく異なる知能と文明体系を持った知的生命と人類とが最初に接触したときに、どのように意思疎通するか、その後何が起きるかを描いたもので、想像力の極限が試されるジャンルです。

魅力的な作品がたくさんあるのですが、「知的能力にあまりの差があるために、人類が無視される」というのもあります。恒星間の距離を克服して地球近くに飛来できるほどの知力は、人類のそれとはほど遠いでしょうから、「無視」というのは、一番ありうるケースだとも言えます。

このジャンルのSFで最も有名なのは、アーサー・C・クラークの『宇宙のランデヴー』でしょう。

これがあまりに傑作であったために、クラークと他の著者の共著による続編、続々編、続々々編が何冊も書かれました。しかし、これらは単にクラークが名を貸しただけではないかと思われる駄作です。最初の作品の完成度には遠く及びません。したがって、最初のものだけを取り上げればよいでしょう。

西暦2130年、太陽系に近づく謎の物体が発見され、「ラーマ」と名付けられました。宇宙探査機が撮影した映像によると、全長50キロメートル、直径20キロメートルの円筒の建造物です。

探査船が派遣され、人間の探検隊はその内部に入り込むことに成功しました。しかし、内部は空洞で、暗く静まり返っています。

さまざまの奇怪な構造物が見出され、都市のような構造物も発見されました。太陽に近づいて暖められると、明かりが灯されました。しかし、それらを作ったはずの「ラーマ人」は出てきません。

その後に起こることは、実に印象的です。人間の探検隊がラーマを離れたあと、ラーマは太陽に向かって落下していくのです。

「これほどの巨大構造物を作って恒星間飛行をできる知性を持ちながら、なぜ太陽との衝突を回避できないのか。何たるミス」と人間はいぶかるのですが、その瞬間、太陽から巨大な炎が宇宙船に吸収されます。

つまり、彼らは、太陽をエネルギー補給源として利用したのです。そして、補給を済ませたラーマは、さらに太陽を重力ブースターとしても利用し、時速10万キロメートル以上の速度で太陽系を去っていきました。ラーマの太陽系への接近は、計算しつくされた予定の行動だったのです。

ラーマ人は、自分たちより遥かに劣った存在である人類には興味がなく、単に補給に利用するために太陽の近くを通過しただけでした。

だから、これは、正確に言うと、「すれ違い」というよりは、「人類の片思いと失恋」ということになるでしょう。

太陽系外からの最初の物体が現れた

ところで、これとそっくりのことが、現実に生じました。

２０１７年の秋、謎の物体が地球に近づいてくるのを、ハワイ大学の研究者が大学の望遠鏡で発見したのです。

この物体は、長さは約４００メートル、直径が１６０メートル前後の細長く先細りの形で、まるでミサイルのようでした。地球から見て、こと座のヴェガの方向から秒速26・４キロメートルで太陽系に接近し、９月９日に太陽の近くを通過するときには秒速87・３キロメートルまで加速しました。

太陽系の軌道に乗るには速すぎるので、未知の恒星系から放たれ、太陽系を通過している天体だと結論付けられました。これは、人類が太陽系内で観測した最初の恒星間天体です。数億年間にわたって宇宙を飛行していたと考えられます。

「1I/2017 U1」と名付けられたのですが、その後、ハワイ語で「斥候」とか「遠くからの来訪者」を意味する「オウムアムア」('Oumuamua)という愛称がつけられました。

彗星《すいせい》は、太陽の近くを通過するとき、熱せられて表面が活性化し、尾を引きます。しかし、オウムアムアは尾を引きませんでした。したがって、彗星より硬い物質でできていると考えられます。赤みがかって見え、密度が高く、場合によっては金属の可能性もあると言われます。

9月2日に水星の軌道のすぐ外側を通過したあと、太陽の強い重力で急カーブを切り、10月14日に地球から約２４００万キロメートルの距離に最接近しました。18年5月には木星軌道を通過しました。19年1月には土星軌道を通過し、太陽系から離脱しました。

オウムアムアは、自然の天体だった可能性もありますが、そうではなく、知的生命体が作ったものだったかもしれません。つまり、クラークの小説とほとんど同じことが現実に生じたのかもしれないのです。

「オウムアムア」は、ソーラーセイル?

ところで、話は、これで終わりません。

ハーバード大学の研究チームは、「オウムアムア」は、ソーラーセイル（太陽からの光で宇宙船を推進する帆）のような形態の天体だった可能性があるとの論文を発表しました。

この論文は、２０１８年11月12日に発行された天文学の論文誌 *The Astrophysical*

Journal Letters に掲載されました。タイトルは「太陽輻射《ふくしゃ》圧力は、オウムアムアの特異な加速を説明できるか？」。

これを伝える新聞記事を見たとき、「何と素晴らしいニュースだろう！」と久しぶりに高揚した気分を味わいました。

研究チームは、「オウムアムアは地球外文明によって地球近辺に意図的に送り込まれた、完全に機能している探査機かもしれない」と示唆しています。

太陽系から離れていく天体は、太陽や惑星の重力の影響で徐々に速度が落ちます。しかし、その場合の軌道と、オウムアムアの実際の軌道にわずかにずれがあったことが判明しました。これは、オウムアムア自身が加速していると考えなければ、説明がつかない現象です。

前述の論文は、加速を説明するものとして、ガス噴出以外に、太陽光圧力があるとしています。

論文はさらに、オウムアムアが太陽から０・２５ＡＵという、熱や重力の影響の点から最適な距離を保って通過し、さらに地球に０・１５ＡＵまで近づいたことを指摘しています（ＡＵは天文単位。１ＡＵは約１億５０００万キロメートル）。このことから、知的生命体が作った可能性は否定できないとしています。

オウムアムアからのメッセージを検出する試みもなされたのですが、「検出されなかった」と発表されました。一般には、これが、オウムアムアが自然物であることの証拠であると考えられています。

しかし、オウムアムアは、高度の知的生命体の創造物であり、地球を観測しただけで、人類との接触を求めてのメッセージは送らなかったのかもしれません。

70年後に、第2のラーマが現れた

だから、これが人類にとっての未知の知的生命体とのファースト・コンタクトだった可能性は、否定できません。そうだとすれば、これは、この数年で最大のニュースです。いや、21世紀最大のニュースです。いやいや、それどころではない。人類は、歴史始まって以来のニュースに出会ったのです。

それにもかかわらず、ほとんどの人々は、このニュースに関心を示しませんでした。そして、米中の貿易戦争などに気を取られて、右往左往しています。

オウムアムアは、この類の情報を収集して、「予想通り、この惑星の住民たちは、接触するに値しない存在だった」という報告を母星に送っていたのではないでしょうか？

ところで、話はまだ終わりません。

オウムアムアが知的生命体の創造物であるとすれば、人類に接触しようとせずに通り過ぎたにせよ、なぜ他の恒星系ではなく、太陽系に来訪したのでしょう？

それを解く鍵は、『宇宙のランデヴー』にあります。

なぜなら、いろいろなことが、この小説で描かれた通りに起こっているからです。細長い物体であることも、メッセージを発しなかったことも、そうです。さらに、太陽系離脱のスピードもそうです。ラーマは時速10万キロメートルですが、オウムアムアの離脱速度も時速に直せば時速約14万キロメートルで、同程度なのです。

ところで、『宇宙のランデヴー』はもう一つ予言しています。

最初のラーマ出現の70年後に、第2のラーマが太陽系に現れたのです！

つまり、最初のラーマは、単なる偵察機でしかなかったということですね。

4 『指輪物語』には100回以上読んだ場面がある

10回読んだのまでは、数えた

『指輪物語』(*The Lord of the Rings*)は、J・R・R・トールキンによる長編ファンタジー。熱狂的なファンが山ほどいます。

「10回読んだのまでは数えたが、あとは分からなくなった」などと言う人がいます。それほどではありませんが、私もかなりの回数読みました。

トールキンは、オックスフォード大学の英文学教授。彼が第二次世界大戦中に書いたファンタジーが、１９６０年代のアメリカの学生の間で、突如として大ベストセラーになりました。

私は、当時留学生としてアメリカにいたので、よく覚えています。大学近くにある書店に、この本がうずたかく積まれていました。それまで聞いたこともなかった本なので、いったいなんだろうと訝《いぶか》しく思いました。

当時のアメリカでは、大学院生までもベトナム戦争に徴兵されるようになり、『指輪物語』が現実逃避願望の対象になったのです。

大学生を中心とした反戦運動が、大きな社会的潮流となった時代です。ヒッピー文化が大学を覆い、ミュージカル「ヘア」が大ヒットしていました。

現実の政治家に絶望した学生たちは、「ガンダルフを大統領に」と真剣に叫んだのです（ガンダルフは、『指輪物語』に登場する魔法使い）。１９７２年の大統領選挙では、ベトナム戦争からの一方的撤退を主張したジョージ・マクガバンでさえ、学生たちの希望をつなぎとめることはできませんでした。

勉強するほど面白くなる

『指輪物語』は実に周到に作られています。歴史もあります。言葉もあります。地図もあります。

おびただしい数の人名や地名が出てきます。

しかも、地名（人名もそうですが）は、同じところを別の言語で呼んでいる場合があります。それに加え、日本語訳はまた別なので、混乱します。

それらを正確に覚えていないと、物語はまったく面白くありません。とくに、地理を知らないと、この物語は理解できません。

逆に言えば、この物語ほど「勉強するほど面白くなる」ものはありません。それらを熟知した読者は、熱狂的なファンとなります。

この物語の舞台であるミドルアースは、西ヨーロッパと同じくらいの広さです。

ここには、人間の他、エルフやドワーフなどが住んでいます。

エルフは、人間族に追われてミドルアースを西に逃げる。そしてついには、大洋の遥か彼方の大陸に渡ります。

これは、アングロサクソンに追われて大ブリテン島の北や西端に、そしてアイルランドに追い詰められ、さらに大西洋を渡って新大陸に逃げていったケルトを連想させます。実際、エルフの言葉であるエルダール語は、ケルトのゲーリックを基としてトールキンが創作した言語です。

ガイドブックがあるので、日程が正確に分かる

物語は3部からなります。第I部「旅の仲間」の最初で、ホビット荘という平和な村に指輪が発見されました。

そこに住んでいたホビット（小人）の一人であるフロドが、魔法使いガンダルフに導か

れ、仲間たちとともに、指輪を棄却し破壊するための旅に出ます。

途中で彼らは闇の冥王サウロンの手下である指輪の幽鬼《ゆうき》、黒の乗手ナズグルに追われ、フロドは瀕死の危機に陥ります。そして、リベンデル（裂け谷）のエルフ、エルロンドの館に逃げ込みます。

ホビット荘からリベンデルまでは、約８００キロ（東京から広島くらい）。フロドたちの足では、約ひと月。

そこからミスティ山脈を南に向かって約５００キロで、地下の宮殿モリアに達します。

そして地下を抜けて、エルフの森ロスロリアンに入ります。ロスロリアンまで約ひと月。

そこから大河アンドゥインを舟で下って、第I部の最後の場面までは、さらに約５００キロで、日程では約10日。

日程がなぜこんなに正確に分かるかというと、Karen Wynn Fonstad, *The Atlas of Middle-earth* (Houghton Mifflin Harcourt,1981) という極めて詳細なガイドブックに説明があるからです。

私が最初に『指輪物語』を読んだ頃は、ガイドとしてはこれしかありませんでした。いまではウェブに地図が沢山出ているので、それを手がかりにできます。ただしFonstad

のものほどよくできてはいません。

ローハンの姫君エオウィン

『指輪物語』第Ⅱ部は「二つの塔」。

第Ⅰ部と第Ⅲ部では、ドラマチックな物語が展開するのに対して、第Ⅱ部ではあまり大きな動きがありません。

しかし、ここでヒロインが登場します。ローハンの姫君エオウィンです。

『指輪物語』全編中、最も魅力的なのはエオウィンです。彼女が物語全体の主人公だといってもよいでしょう。

大河アンドゥインのラウロスの滝の前で、旅の一行はオーク（魔法使いサルマンの手下である怪物）の襲撃にあいます。その後、一行は二手に分かれ、フロドとサムワイズは、指輪を破壊するため、冥王サウロンが支配するモルドールに侵入し、滅びの山へ向かいます。

他のメンバーは、ローハンの都エドラスに向かいます。エドラスは、白の山脈の斜面にある山城。「草原にひとつだけ丘があり、その背後に雪の山脈が横たわる」と記述してあります。

ローハンの王セオデンは名君でしたが、蛇の舌グリマに操られて判断力を失っています。それを悲しむのが姪のエオウィンと、彼女の兄エオメル。

ガンダルフはサルマンの魂を追い払い、セオデンはかつての偉大な王に戻ります。

エオウィンは、アラゴルンを一目見て、慕うようになります。しかし、アラゴルンはすでにエルフの姫君アルウェンと婚約しているので、エオウィンの愛を受け入れられません。

サルマンは、オークの大軍を差し向けて、ローハンを攻撃します。

ローハンの人々は、白の山脈の奥のハロウ砦に避難し、軍は北にあるヘルム峡谷の石の要塞である角笛城で対戦します。苦戦の末、エルフの軍隊が到着し、ローハン軍の勝利に終わります。

他方、フロドたちは、モルドールでの苦難の旅を続けます。そして、指輪大戦争が迫ります。

エオウィンがナズグルの首領と対決する

指輪大戦争のクライマックスは、第Ⅲ部「王の帰還」にあるペレンノール野の会戦です。ここで、エオウィンとナズグルの首領が対決します。

私は、この場面を、100回以上読んでいます。同じくらい読んでいる人は、他にも大勢いるでしょう。

以下は、瀬田貞二・田中明子訳『指輪物語』（評論社、1992年）からの引用（この部分は、名訳です）。

大きな影が落下する雲のように降りて来ました。そして、見よ！　これは翼を持った生きものでした。

怪鳥の上に乗っているのは、冥王サウロンの手下、ナズグルの首領です。

彼は、暗闇が消え失せる前に、乗物の怪鳥を呼び出して、ふたたび空に戻り、ここにやって来たのです。破壊をもたらして、望みを絶望に変え、勝利を死に変えるために。

その前に、エオウィンが剣を抜いて立ちはだかります。

「立ち去れ、汚らわしい化けものめ、腐《ふ》肉漁《にくあさ》りの頭《かしら》よ！　死者に手をふれるな！」

「おれの邪魔をするだと？　愚か者め。生き身の人間の男にはおれの邪魔立てはできぬわ！」

「しかしわたしは生き身の人間の男ではない！　お前が向かい合っているのは女だ。わたしはエオウィン、エオムンドの娘だ」

ふたたびそれは空に飛び立つと、今度は速やかにエオウィンめがけて舞いおり、甲高い叫び声をあげながら、その嘴《くちばし》と鉤爪《かぎづめ》で打ってかかりました。

それでも姫はたじろぎませんでした。ロヒアリムの乙女、王家の子の、細づくりながら鋼《はがね》の刃のように、美しいが、凄絶《せいぜつ》なことよ。

すばやい一撃を姫は加えました。熟練した致命的な一撃でした。怪鳥の伸ばした頸《くび》を真っ二つに切り落としました。切られた首は石のように転げ落ちました。

かの女が後ろに跳びずさるや、この巨大な姿をしたものは音たてて崩れ落ち、途方もなく大きな翼を広げたままくずおれました。

この場面は、明らかにシェイクスピアの『マクベス』を念頭に置いています。

魔女たちは、マクベスに“None of woman born shall harm Macbeth.”（女から生まれた者はマクベスを倒せない）と予言しました。

しかし、最終場面でマクダフが、“Macduff was from his mother's womb untimely ripp'd.”（私は帝王切開で母から取り出された）と言ってマクベスを倒すのです。「ripp'd は born ではない」というわけです。しかし、これはこじつけめいていて、弱いと思います。

エオウィンが「私は男ではない。女だ」と宣言してナズグルの首領を倒す場面のほうが、ずっと直接的です。

トールキンは、この場面で『マクベス』を超えました。そして、トールキンはシェイクスピアを超えたと、私は思います。

女戦士という意味で、エオウィンは、リヒャルト・ワグナーの「ニーベルンクの指環」(Der Ring des Nibelungen) のブリュンヒルデです。

ですから、トールキンの『指輪物語』は、北欧伝説「指輪物語」の20世紀における正統の後継者になっています。

指輪大戦争が行なわれたペレンノールというのは、ゴンドールの東の端、ミナス・ティリスの前に広がる平原です。

ゴンドールというのは、ローハンの南に広がる人間の王国。ミドルアースの中心にある国です。アラゴルンは、この王になる定めの人物なのです。

王宮があるのがミナス・ティリスという巨大な城。これは、明らかにピーテル・ブリューゲルの「バベルの塔」を念頭に置いたものです。

エオウィンとファラミア

ナズグルの首領との対決で瀕死の重傷を負ったエオウィンは、ミナス・ティリスにある療病院に入れられています。

ここには、ファラミアもいました。彼は、ゴンドールの摂政デネソールの次男。ファラミアはデネソールから疎んじられていました。戦争で危険な役割を命じられ、やはり瀕死の重傷を負ったのです。

アラゴルンへの想いを実現できなかったエオウィンは、次第にファラミアに対して心を開いていきます。これは、素晴らしいラブストーリーです。

ファラミアは、詩を愛する魅力的な人物として描かれています。ところが、アラゴルンは、決して悪い印象は受けませんが、かといって、格別惹かれるような人物でもありません。

ワグナーの指輪物語のジークフリートもそうですが、「力ばかりは強いが、知力がどれだけ強いのかが疑問」という人物になっています。アラゴルンとジークフリートは似ています。エオウィンがなぜアラゴルンに惹かれたのか、不思議です。

指輪大戦争が終わったあと、ファラミアは、ゴンドールの南に広がるハラドウィンにあるゴンドールの属領南イシリエンの支配を任されます。エオウィンとともによい統治を行なうだろうことが予想されて、物語のハッピーエンドになっています（想像するだけで楽しくなります）。

なぜフロドは故郷に受け入れられないのか？

物語には、もう一つの結末があります。

フロドたちは、指輪の破壊に成功します。指輪大戦争で、人間とエルフの連合軍は、邪悪な冥王サウロンに打ち勝ちます。

かくして目的は達成されたわけで、本来であれば、フロドたちは故郷に凱旋《がいせん》して、「めでたし、めでたし」ということになるはずです。

ジョーゼフ・キャンベルによれば、冒険物語は、必ずつぎのような展開をします（『千の顔をもつ英雄』ハヤカワ文庫ＮＦ、２０１５年）。

キャンベルがそう言っているわけではないのですが、洋の東西を問わずそうです（『西遊記』や『桃太郎』を見てください）。

①故郷を離れて旅に出る
②仲間が加わる
③敵（悪）が現れる
④最終戦争が勃発し、敵を打ち破る
⑤故郷に凱旋する

『指輪物語』も、④まではこの通りの展開をしますが、⑤は違います。
物語の最後を、トールキンは、定石通りには描いていません。

故郷に戻った彼らは、そこがまったく変わってしまったことを見出します。彼らは故郷に受け入れられなかったのです。

そして最後の場面で、フロドは、エルフのガラドリエル、魔法使いガンダルフなどとともに、灰色港を出港して大洋の彼方にある西の国に向かうのです。これは何とも不思議な終わり方です。

このような構成にすることで、トールキンは何を伝えようとしたのでしょうか?

私の解釈は、「本当の功労者は、正しく評価され、報われることはない」というものです。

こういうとき、私は、シュテファン・ツヴァイクの『マゼラン』を思い出しています。ポルトガル大航海時代の基礎を築いたエンリケ王子は、インドへの航路の発見に一生を捧げたのですが、存命中に成果を見ることはできませんでした。同じような例は、人間の歴史で、数え切れないほどあります。

「『指輪物語』いまだに健在!」と祝杯

『指輪物語』の熱狂的ファンは、ある種の空間を共有しています(熱烈に共有しています)。

映画「オデッセイ」で、火星に残された主人公を救出するための作戦会議がＮＡＳＡの会議室で開かれるのですが、一人が、その会議を、『指輪物語』第I部のエルロンドの館で開かれた会議になぞらえます。

全員がただちにその意味を了解し、作戦会議は、エルロンドの会議に変身します。

一人の若い女性メンバーだけが、何が何だか分からず、「あんたがたみたいなオタクは、嫌い」と言います。

よくぞ言ってくれた！　これぞ『指輪物語』の熱狂的ファンが聞きたい反応です。

この場面を見て、「『指輪物語』いまだに健在！」と祝杯をあげたくなりました。

5　キング中毒者の告白

文句なく美しい少女、ベヴァリー・マーシュ

スティーヴン・キングの最高傑作は、『ＩＴ』です。

主人公の小学生ベヴァリー・マーシュは、「文句なく美しい少女」。こうした単純な表現で「美しい」と言える少女は、本当に美しいに違いありません。

貧しい家庭の生まれ。勝気で義侠心《ぎきょうしん》が強く、勇気があって頭がよい。

アイリッシュ・アメリカンの見本のような彼女は、キングの全作品中で最も魅力的なヒロインです。彼女は、キングがこれまで描いた数千人を超えると思われる登場人物の中で、最も強い光を放っています（「あらゆる小説の登場人物の中で」と言いたいところですが、それは言いすぎというものでしょう）。

小説『ＩＴ』は、彼女の魅力に支えられています。

クライマックスは、地下の世界で子供たちが魔物ＩＴと対決する場面。

子供たちの唯一の武器はパチンコです。しかし、玉はもう尽きた。

ベヴァリーは、玉のない紐を引き絞って魔物に立ち向かう。

小説の中には、「映画化してほしくない」と思うものがあります。イメージを壊されたくないからです。『ＩＴ』もその一つです（１９９０年と２０１７年に映画化されましたが）。

ベヴァリーが玉のないパチンコで魔物と対面している場面など、映画では絶対に再現することができません。

『11／22／63』でベヴァリーに再会

ところで、ベヴァリーは、キングの小説『11／22／63』にも登場します。

主人公がタイムスリップして、1950年代のメイン州デリーに行く場面があります。デリーは、『IT』の舞台となったメイン州の町です（キングが作り出した架空の町）。『IT』を思い出しながら読んでいると、何と、そこで「文句なく美しい少女」ベヴァリー・マーシュに出会うのです。

13歳の彼女は、同級生の男の子と、小さなピクニック・エリアでリンディホップ・ダンスの練習をしていました。

彼女の一挙手一投足が、光り輝いています。それも当然。なにしろ彼女は、ITと戦い、それを撃退した直後だったのです。

「（私の名前は、）ベヴィー・ベヴィ。リヴ・オン・ザ・レヴィ（住んでいるのは川の土手）」

何という素晴らしい読者サービスでしょう！　この場面を読んでいると、キングのファンは、眩暈《めまい》がして卒倒しそうになります。

ところで、小説『IT』で魔物を退治したあと、ベヴァリーがある儀式を行ないました。

魔物を倒しはしたものの、帰り道、地下の暗闇、下水道の迷路の中で、子供たちは道に迷ってしまい、力尽きて、動けなくなってしまったのです。

このときに男の子たちを力づけて地上に戻る努力を復活させ、全員を一致団結させたのが、ベヴァリーが行なった神聖な儀式です。

　これについて説明するのは、私の筆力では荷が重いので、原典（第五部、第22章、12）をご覧になってください。

ケネディ暗殺の日の思い出

　１９６３年11月22日は、第35代アメリカ大統領ジョン・F・ケネディがテキサス州ダラスで暗殺された日です。

　この日、大学院生だった私は、家庭教師に出かけるところでした。暗殺は、現地時間12時30分。日本とダラスとの時差は15時間なので、私が知ったのは23日朝のはずです。晴れた朝だった記憶があります。

　その６年後、私は留学生としてアメリカに渡りました。

　そして、キングが『11／22／63』で懐かしく描いたアメリカ社会——人々は親切で、他人を疑わない社会。しかし、他方では、工場の悪臭が漂い、南部諸州では厳然たる人種差別が残っていた社会——が、急速に過去のものになっていくのを見ました。

『11／22／63』には、タイムトラベルを利用して、主人公が、あるハンターの夫婦と少女とを災難から救うエピソードがあります。現実にはありえない話なのに、深く感動します。

『ザ・スタンド』：ウイルスで世界が崩壊

『ザ・スタンド』は、キングの1978年の作。一般には、これがキングの代表作とされています。

軍が秘密兵器として開発していた（らしい）ウイルスが事故で漏れ出してしまい、アメリカ社会が崩壊してしまうというストーリーです。

物語の最初に出てくるテキサスの田舎町には、2つの工場があったのですが、アジアからの輸入品に押されて、一つは倒産し、もう一つは青息吐息。物語の主人公は、電卓工場で働いていたが失職してしまった、という設定になっています。

作品全体に、終末論的な空気が重苦しく漂っています。この頃のアメリカには、ペシミスティックな空気が充満していました。

物語のクライマックスは、社会が崩壊していく過程です。それに比べると、後半はややダレ気味の感もあります。

『ザ・スタンド』を読んだ人は、主人公の一人であるナディーン・クロスの目に幻惑され、それから逃れられなくなるでしょう。

『アンダー・ザ・ドーム』：外界から隔絶された社会では悪がはびこる

『アンダー・ザ・ドーム』は、アメリカ、メイン州の小さな田舎町が、ある日突然、透明なドームですっぽり覆われてしまうという話。

キングがこれを書いたのは東日本大震災前のことですが、救いようのない閉塞感と息苦しさで、大震災後の日本のことを読んでいるような気がしてしまいます。

『アンダー・ザ・ドーム』の町では、停電に備えて、どこの家にも自家発電機があります。私は、東日本大震災の直後、日本もこんな状態になるのだろうかと、恐ろしく感じました。

それからあとも、私の頭の中では、この町と日本の姿が、どうしても重なってしまいます。この奇想天外な物語から、「孤立した社会はありえない。外界から隔絶された社会には悪がはびこる」ということが、ひしひしと伝わってくるからです。

キングの作品は「ホラー小説」と呼ばれます。一般に、「ホラー」を引き起こす源泉は2つあります。

第1は、超自然的現象。第2は、人間の心に潜んでいる邪悪な想念（憎悪、怨念、妬み、復讐心、病的加害癖等々）です。

邪悪がわれわれを襲う第1のケースは、超自然的現象が「お化け」として現れる場合です（これが、「怪談」です）。

第2のケースは、邪悪の発現を抑制していた社会的制度が、何らかの理由で機能しなくなる場合です。『アンダー・ザ・ドーム』では、ドームによって外界との関係が断たれてしまうために、悪者たちがのさばってしまいます。

この設定は、『ザ・スタンド』に似ています。

お化けを信じない人も、邪悪な人間がいることは認めざるをえません。それらは、潜在的な脅威として、常にわれわれの周りを漂っています。そして、何らかの原因でそれらが解放されたとき、恐怖が現実化します。

ところで、キングの作品はどれも、極めて多数の人物が登場し、英雄も悪人も、大人も子供も、一人ひとりが個性豊かに描かれています。

『アンダー・ザ・ドーム』の読者は誰もが、アリス・アップルトンという小さな女の子がこの災害から救い出されることを、心の底から願うに違いありません（キングは、子供たちをいきいきと描くのがとてもうまい）。

そして、一見些細《ささい》なできごと（外界の事物だけでなく、人間心理の微妙な動き）が、実に注意深く描かれています。ホラーが現実性を持つには、この類の細部が必要不可欠です。キングの小説が迫真性ある恐怖感を呼び起こすのは、そのためです。

日本人はトミーノッカーズになってしまったのか？

「トミーノッカーズ」とは、宇宙から来た正体不明の化け物。彼らの宇宙船が発する放射線のために、町中の人が同類にされてしまいます。

キングは、前書きで「これは架空の物語だが、トミーノッカーズは実在している。これを冗談と思う人はニュースを聞いていないのだ」とわざわざ断っています。

『トミーノッカーズ』を読んでいると、「これは、日本社会の予言ではないか！」という奇怪な想念を追い払えなくなります。「起こりえないことが現実に起きている」という恐怖感です。

いま日本では、金融緩和のおかげで、何となく経済がよくなったと考えられています。

しかし、何かショックが起きれば、日本はある日突然、世界から切り離され、ドームに閉じ込められた町と同じになってしまいます。

日本人は、いつの間にか、ドームに閉じ込められてトミーノッカーズになったのでしょうか？

『悪霊の島』：フロリダのさわやかな空気

キングの小説の魅力は、自分がその場にいるような臨場感を味わえること。キングが作ってくれた非現実の世界にどっぷりと浸かれれば、極上の快感を味わうことができます。

彼の小説が描くのはありえない世界なのですが、あまりに詳細に描かれているので、読んでいるうちに、それが現実の世界のようになってしまうのです。これがダン・ブラウンとの違いです。

キングの小説を読む楽しみは、ホラーストーリーの展開を追うことではなく、細部の雰囲気にひたり、目を閉じて情景を想像することです。

例えば、『悪霊の島』で「わたし」が主人公の老女と最初に会話を交わす場面。

「本のない人生は飲み水のない人生のようなもの、そして詩のない人生は……」と言って絶句してしまうシーンを読むと、フロリダのさわやかな空気が感じられるような気がします。イメージを壊されたくないので、この作品が映画化されないことを、願ってやみません。映画化してほしくない作品は、『ＩＴ』だけではないのです。

『ランゴリアーズ』：70年代は、たった昨日か、大昔か？

『ランゴリアーズ』の「序にかえて」で、キングはつぎのように書いています。

> 一九七四年はジェラルド・フォードが大統領、シャーはまだイランで権勢をふるっていた。ジョン・レノンは生きていたし、エルヴィス・プレスリーもまた然り。（中略）消息通は、カセット・レコーダーが普及するようになれば、ソニーのベータ方式の機械は、ＶＨＳというライバル方式を蹂躙《じゅうりん》するだろうと予言した。（中略）評判の映画をレンタル・ビデオで借り出して観るなんていう考えは、まだ実現にはほど遠く思えた時代だった。ガソリンの価格は考えられないほど高騰した。レギュラー・ガソリンが一ガロン四十八セント、無鉛ガソリンは五十五セントだった。
>
> （『ランゴリアーズ』小尾芙佐訳、文春文庫、１９９９年）

ところで、キングは、74年を「たった昨日のこと」と言っているのでしょうか？　それとも「大昔のこと」と言っているのでしょうか？

彼は、混乱しているように見えます。実際、この箇所の書き出しでは、「一九七四年の春は、私にとってはさほど遠い昔のこととは思えない——実際、肩越しにふりかえればちらりと見えるぐらいのものだ」としています。つまり、「74年はオンリー・イエスタデイ」だと言っているのです。それは、彼が作家デビューしたのがこの頃で、それ以来ずっと同じことをやっているからです。

それにもかかわらず、テレビで野球の試合を見ていたら、バッターボックスに立ったロビン・ヨーントについて、解説者が「１９７４年からプレーしてるんだからねえ」と、74年を大昔のように言ったのでびっくりしたというわけです。「ちょいと待った！　ちょっくら待っておくんさいよ！　おれは１９７４年に処女作を刊行したんだぜ！　そりゃあそう昔とは言えないだろうが！」

ところが、彼があげている例は、シャー（と言っても、多くの読者は誰のことなのか、ご存じないでしょう）も、レノンもプレスリーも、そしてソニーのベータもガソリンの価格も、ことごとく、「いまとはまったく違う大昔」ということの例証なのです。

「昨日のようにも思えるし、大昔のようにも思える」――キングが言っているのは、そうしたことです。実際、彼は「時間の経過の感じ方は、（中略）まったく人それぞれなのだ」とか、「時間というものはかくごとくおかしな、思い思いに形を変える性質がある」などと述べています。彼の結論は、「時間の本質は極めて神秘的で不可解」ということなのです。

キングがこれを書いたのは１９８９年ですが、同じ感覚をいまの私も持っています（私にかぎらず、多くの人が同じような感覚を持っているでしょう）。

私にとっても、１９７４年は「振り返れば、ちらりと見える」年のようにも思われるし、また、途方もなく大昔のことにも思われるのです。

なぜこうした感覚になるのでしょうか？　キングはその理由を「時間の神秘的な本質」に求めたのですが、私の考えは違います。

私が思うには、そうなる理由は、70年代以降、世界がある面では大きく変わり、ある面で変わらなかったからです（もちろん、「時間が神秘的だ」というのは、私もその通りだと思っています。実際、そのことをテーマに一冊の本を書いたことがあるくらいです）。

時間が連続しているとキングが感じる理由は、74年以来同じ仕事をしていることです。

私も、多少時期がずれるとはいえ、この頃以来同じ仕事をしています。ただ、連続感を持つのは、そうした個人的事情だけによるのではありません。

もう一つの大きな理由は、国際経済の面では、１９７０年代の初めにニクソンショックや変動為替制への移行などの大きな変化が生じ、そのとき作られた秩序や制度が現在まで続いていることです。

一方、70年代よりあとの時点において、別の面で大きな変化が生じました。とくに、90年代において生じた変化は、本質的なものでした。70年代の変化が主として通貨に関するものであったのに対して、このときの変化は実体経済にかかわるものでした。これによって、生産に関する世界経済の構造が大転換したのです。日本の国際的な地位も、これによって大きく変わりました。これが、74年を「大昔」に感じさせる理由です。

6　『星の船』の続編を書いてみた

『アルジャノンに野の花を』への独善的オマージュ

Daniel Keyes, *Flowers for Algernon* は、１９７０年代、大学院生としてアメリカに留

学中に読んだ、経済学以外の数少ない本の一つです。思い返してみると、山のような文献を読まなければならない中で、どうやってそんな時間を捻出できたのかと不思議です。R. Silverberg ed., *The Science Fiction Hall of Fame*, Avon Books, 1971 というＳＦアンソロジーの中に入っています。

これは、アイザック・アシモフの出世作の短編『夜来たる』も入っている貴重な本だったのですが、引っ越しを繰り返しているうちに、なくしてしまったのです。長い間、探していました（いまなら、Amazon で簡単に買えますが、その当時は、アメリカのペーパーバックスを日本で手に入れるのは大変なことでした）。

だいぶしてから（確か20年近く経ってから）、ワシントン州ラングレーという町の古本屋で、偶然に発見しました。

ここは、アメリカ西海岸、シアトルの北にある保養地です。人口１０００人足らずの小さな町で、ピュージェット・サウンドという入り江の北にあるサラトガ海峡に面しています。長い半島の先にあり、本土との間には人気《ひとけ》のまったくない不気味な灰色の海が広がっています。町にはホテルの他に店が10軒ほどしかなく、その一つが古本屋でした。

この町にあるホテルで、ワシントン大学が主催する研究会を行なっていたのです。こういうリゾート地に簡単に行くことができる人々を、心から羨ましく思います。日本ではとても望み得ない場所です。

感激して「奇跡だ！」と叫び、「この店は素晴らしい。長年探していた本があった」と言ったら、店の女主人はウインクして、「うちに来る客は誰もがそう言うのよ」とすましていました！

外国を旅していてふらりと入った店でふと交わした会話が、いつまでも記憶に残っています。どれも田舎の町や村でのものです。大都市のブランド店や空港の免税店では味わえない買い物の愉《たの》しみが、ここにあります。

この類の思い出は、残念ながら国内ではまったくありません。そもそも、私が店の人にあまり話しかけないからですが、もっと大きいのは、店の違いです。日本の新しい古書店で仮に「奇跡」が起こったとしても、若い店員にそう告げる気にはなれません。

Flowers for Algernon は、１９５９年に短編小説として発表され、翌年ヒューゴー賞短編小説部門を受賞しました。

知的障害を持つチャーリイが、開発されたばかりの知能増強手術の実験台になり、天才になるという話です。

彼より先に実験対象となったハツカネズミは、驚くべき能力を発揮していました。ところが、あるとき異変が起きるのです。チャーリイは調査を始め、手術は一時的に知能を発達させるだけで、知能はやがて元に戻ってしまうことを見出します。チャーリイは退行を食い止める手段を探しますが、成功せず、知的障害者に戻ってしまいます。

主人公の日誌の文章が、知能の向上に伴って変化していきます。

最初は、“Dr. Strauss says I shud rite down what I think and evrey thing that happins to me from now on.”（すとらうすせんせいわ僕わ僕がこれからかんがえることやなんでも僕におこることを書いておきなさいとゆった）という、たどたどしい文章です（野口訳）。

一つだけ不満な点があります。それは、右の文章が間接話法になっていることです。間接話法はある種の抽象化が必要な作業なので、このときのチャーリイなら、直接話法で、“Dr. Strauss says Charlie you shud rite down what you think ……”と、ストラウス先生が言った言葉をそのまま繰り返す（しかも、引用符なしで引用する）ほうが自然だと思います。

このようなことを書くと、「差別だ」と批判されそうで怖いのですが、客観的事実の観測として言いますと、公園を散歩しているときに聞こえてくるおばさん方の会話は、ほとんど例外なく直接話法で行なわれています。

ところが、叡知の頂点に登りつめたときに彼が書いた文章は、“I recall your once saying to me that an experimental failure or the disproving of a theory was as important to the advancement of learning as a success would be.”（実験上の失敗または理論の反証は、人知の進歩にとって成功と同様に重要であるとの貴方の言葉を、いま私は想起する）という感動的なものになります。

英語の文章の勉強には、とてもよい教材です。これを読んでいると、自分の英語はいったいどの段階なのだろうと心配になります。

なお、アルジャノンというのは、実験台となったネズミの名で、flowers はその墓への献花です。邦訳のタイトルは『アルジャーノンに花束を』となっていますが、「花束」は誤訳です。「花束」と聞くと、立派なブーケを想像します。

しかし、ネズミの墓に花束を持っていく人はいないでしょう。flowers は二、三輪の野の花です。「花束」では、この小説の最後の切々たる思いは伝わりません。

Flowers for Algernon はダニエル・キイスの処女作の短編です。これが有名になったので、キイスはのちにこれを長編に書き直しました。

しかし、ドタバタ劇や恋愛物語が付け加わって、密度が低くなってしまいました。短編が持っていた緊張感が失われて、がっかりしました。恋人だった女性が、有名な女優になった、しかし中身のない女優になってしまった、というような気持ちです。日本で翻訳されたのは、長編です。

Flowers for Algernon が愛読書だと書いたところ、ある雑誌の座談会で、意地の悪い批評家たちに、「いい歳をした男が『アルジャーノン』ですかね」とからかわれたことがあります。反論の機会のない欠席裁判だったのですが、私は「あなた方はどのバージョンを読んだのか？」と問いたい。私が愛読書と言っているのは、短編です。

もう一つ、英語と日本語のどちらで読んだか。これは知能の向上に伴って主人公の書く英語が変化していくという話ですから、邦訳で読んでも感動しないでしょう。

彼らが長編の邦訳を読んで「いい歳をした男が……」と言っていたのなら、見当違いも甚だしいと言わざるをえません。

『星の船』：遠い遠い過去に、宇宙人が地球を訪れた

太陽系の地球以外の惑星に、生命は確認されていません。太陽系外のどこかに知的生

命体がいるかもしれませんが、あまりに遠すぎて、会うことはできません。通信すら不可能でしょう。宇宙は広大であり、人類はまったく孤独なのです。

しかし、遠い遠い過去に、宇宙人が地球を訪れた可能性を否定することはできません。恒星系がたまたま太陽に近づき、その惑星に住む知的生命体が、宇宙船で地球探検に飛来したことはなかったでしょうか？

ソ連のＳＦ作家イワン・エフレーモフの名作『星の船』のファースト・コンタクトは、このスタイルです。

中国奥地で発掘された恐竜の化石に、レーザー光線が貫通したような正確な楕円形の穴がありました。

他方で、戦死した天才天文学者が残した計算によって、恐竜時代に太陽系が別の恒星系と接近し、宇宙船の航行が可能なほどの距離にまで近づいたことが明らかにされます。

大規模な発掘の結果、恐竜の下敷きになって事故死した宇宙人の化石が、光線銃とともに発見されました！

彼らは、人類が誕生する遥か以前の地球に飛来したのです。しかし、探検員の一人が肉食恐竜に襲われ、光線銃で射殺した恐竜の下敷きになって遭難死してしまった。

接近したとはいえ広大な宇宙空間を征服して、彼らは地球に飛来しました。しかし、迎えたのは、知性のかけらもない狂暴で醜悪な恐竜の群れでした。

美しい水の惑星が知性を持たないのを知って、異星からの来訪者は、深く落胆したでしょう。つまり、７０００万年を隔てた「すれ違い」になりました。これも大変ロマンチックな設定です。

「すれ違い」はいつも甘く切なく、この壮大なすれ違い劇も、かぎりなく切ない物語です。旧社会主義圏には、エフレーモフやレムなどの優れたＳＦ作家がいました。しかし、これからのロシアや東欧には、こういう作家は現れないでしょう。だから、『星の船』の続編は自分で書くしかないと、私は昔から考えていました。

私は、つぎのような『星の船・続編』を想像してみました。

地球を訪れたのは、２人の男女εとδでした。彼らは恋人同士で、この探検が終了して母星に帰還できれば、結婚することになっていました。

事故が起きたのは、半年間にわたる地球探検の最後の日です。巨大な恐竜が２人に襲いかかってきたのです。

男性であるδは、恐竜の正面にとどまり、光線銃で恐竜と対決し、見事にこれを射殺しました。しかし、倒れてきた恐竜の巨体の下敷きになって押しつぶされて即死したのです。残されたεは、恐竜の下敷きになったδを引き出すことが、どうしてもできません。だが、軌道を周回している母船の出発時刻は刻々と迫っています。

いますぐにアセント・ビークル（離陸装置）に乗り込んで発進し、母船に帰らなければ、母星に帰還することができなくなります。ここでδと一緒に死ぬのか？ それとも、δを残して、探検で集めた貴重なデータとサンプルを母星に持ち帰るべきなのか？

彼女は最終的に2番目の選択肢を選びました。そして、自分たちの痕跡を何とかこの惑星に残すために、彼らの最先端技術の成果である遺伝子操作薬を与えられる生物を探します。

そこに、一群の哺乳類小動物が現れました。あまりに無力に見える彼らですが、εが与えた遺伝子操作薬が効果を発揮すれば、７０００万年後には、自分たちと同じような知性ある生命体に進化するでしょう。そして、恋人を殺した醜い恐竜に代わって、この惑星を支配する主人になるでしょう。

彼女は、７０００万年後の光景を想像しつつ、アセント・ビークルに乗り込み、発進のボタンを押します。

ロケット噴射で離陸装置は加速し、大気の密度は見る見る低下します。コックピットのフロントガラスから見える青い大空は急速に暗くなり、無数の星が瞬き始めました。振り返ると、水の惑星である青い地球が、漆黒の空間に浮かんでいます。これから30年、人工冬眠での母星への帰還は、孤独な旅になる……。

これまで書かれた最も長い小説：『非現実の王国で』

これまで書かれた最も長い小説は、ヘンリー・ダーガーの『非現実の王国で』だと言われます。正式なタイトルは、『非現実の王国として知られる地における、ヴィヴィアン・ガールズの物語、子供奴隷の反乱に起因するグランデコ・アンジェリニアン戦争の嵐の物語』。これは、ダーガーが、生涯描き続けた世にも奇妙な小説（画集？）です。

少女戦士ヴィヴィアン・ガールズが、子供奴隷を救うため、大人国の残虐なグランデリニア軍と死闘を繰り広げます。

ここでわれわれは、目も眩《くる》めく非現実世界に引き込まれるのです!!!

執筆は約60年間にわたり、亡くなる半年前に老人ホームに収容されるまで、誰に知られることもなく書き続けられました。

３００枚の挿絵と1万５１４５ページのテキストが残されています。挿絵は、現在ニューヨーク近代美術館で、ピカソの隣りに飾られているそうです。

こんなに長いので、外国語版を含めてテキスト全文が刊行されたことはなく、最後まで完読した人は誰もいないと言われています。したがって、私も原作を読んだわけではなく、左記の書籍であらすじを読み、何とも不思議な極彩色の挿絵に幻惑されただけです。

②は、上製の色刷りの本で、重くて、持つだけで大変な本です。

①小出由紀子『ヘンリー・ダーガー　非現実を生きる』平凡社、２０１３年

② Klaus Biesenbach, *Henry Darger*, Prestel, 2014

ＳＦには、以上であげたもの以外にも、傑作が沢山あります。アイザック・アシモフの『夜来たる』、ジョン・ウィンダムの『トリフィド時代』、ブライアン・オールディスの『寄港地のない船』、モルデカイ・ロシュワルトの『レベル・セブン』、『世界の小さな終末』、ロバート・Ｌ・フォワードの『竜の卵』などは是非取り上げたかったのですが、紙幅の余裕がなく断念せざるをえませんでした。誠に残念です。

第9章　だから古典はためになる

1　よみがえった60年代ポピュラー・ミュージック

巨大リンク集で、YouTubeが見やすくなった

私は、最近、「超」メモ帳というものを作りました。これは、Googleドキュメントにさまざまなメモを書いて、必要になったときに即座に引き出せる仕組みです。仕事の効率化に大変役立っています（野口悠紀雄『「超」ＡＩ整理法』ＫＡＤＯＫＡＷＡ、２０１９年 を参照）。

ところで、「超」メモ帳は、仕事に役立つだけでなく、趣味にも使えるのです。

例えば、YouTubeの動画にリンクを貼っておくことができます。通常のブックマークだと、数が増えてくると目的の動画を見つけ出すのが難しくなって、機能しなくなってしまいます。しかし、「超」メモ帳であれば、巨大なリンク集を作っても、目的の動画を簡

単に開くことができます。

このように便利なリンク集を作ってしまったために、YouTubeを見る時間が増えてしまいました。リンクの対象は、まず第1にバレエ、第2にクラシック音楽、そして第3に、１９５０年代から60年代のポピュラー・ミュージックです。

細切れのものが多いポピュラー・ミュージックを簡単に開くためには、「超」メモ帳のリンク集は最適の仕組みです。

積極的に聞いていたわけではないのだが……

半世紀以上前のポピュラー・ミュージックを、その当時どのように聞いていたのか、思い出せません。多分、ラジオから流れていた音楽を、聞くともなしに聞いていたのでしょう。

少なくとも、自分から積極的に聞いていたわけではありません。ビートルズにしてもビーチ・ボーイズにしても、世の中は熱狂していましたが、私は、ほとんど関心がありませんでした。

しかし、いま聞くと、何とも言えないノスタルジアに包まれます。

カーペンターズが、Yesterday Once More で歌っている通りです（この歌の主人公のように熱心に聞いていたわけではないにもかかわらず）。

しかも、YouTube では動画を見ることができます。これらは、当時のテレビの映像です。私が50年代、60年代にこれらの曲を聞いていたときには、テレビの画面は見ていませんでした。いまになって初めて、「歌っていたのは、こういう人たちだったのか」と、感慨深く思います。

失われて、もはや取り戻せない時代

１９５０年代から60年代のポピュラー・ミュージックをいま聞いて感じるのは、ノスタルジアだけではありません。

「これらの歌の時代は、もはや失われて、決して戻ってこない」という強い喪失感に襲われます。

例えば、Peter, Paul & Mary の Puff, the Magic Dragon（マジック・ドラゴン）。

「この歌は、昔のものだ」「古くなってしまって、どうしようもない」という気持ちを強く感じます（それにしても、何と切なく、何と素晴らしい歌でしょう！）。

Peter, Paul & Mary は、この歌を60年代以後も歌い続けました。そして、彼らの歌唱力は衰えなかったのです。

それにもかかわらず、60年代の栄光は、そして彼らの時代は、もはや戻らない。「懐かしい」という気持ちと、「過去の世界は取り戻せない」という感情が混ざり合って、何とも言えない気持ちになります。

同じことが、Peggy March の I Will Follow Him についても言えます。

彼女は、１９６３年に15歳でデビューして以来、ほぼこの曲だけを歌い続けてきました。そして、彼女の歌唱力も衰えなかったのです。

衰えなかったために、いくつものアルバムが作られ、そのジャケットには彼女の15歳のときからの写真があります。それを見ていると、「人間が歳をとる」とはどんなことかを見せつけられて、涙が出ます。

The Ronettes の Be My Baby についても、同じです。

その当時には見られなかった動画をいま見て、エステル・ベネット（リードシンガーであるヴェロニカの姉）の魅力を発見しました。

ヴェロニカが全身全霊で歌っているのに対して、エステルは覚めていて、「妹の売り出しだから、しようがないので、手伝う」といった雰囲気です。しかし、彼女のパフォーマンスがないと、The Ronettes は成立しません。

そして、彼女たちの髪形も、服装も、しぐさも、何と古臭いこと！　まさに60年代そのものです。60年代だから懐かしく、そして60年代だから今様ではないのです。

彼らは特定の時代から脱却できないが、クラシックスは違う

彼らは60年代に括《くく》りつけられています。そして、そこから脱却することができません。つまり、時代を超越することができないのです。

彼らの歌唱力はその後も衰えなかったにもかかわらず、時代の変化に対応することはできなかったのです。

ですから、彼らの歌は、60年代という古きよき時代を背景にしないと成り立ちません。われわれの世代が彼らの歌を聞くとき、60年代の世界に立ち戻り、60年代の自分になり、その世界に浸っているのです。

だから、ノスタルジアの温かい空気に包まれると同時に、一方では「その当時を取り戻せない」という気持ちを抑えることができないのです。

以上で述べた60年代ポピュラー・ミュージックに対する思い入れは、われわれの世代に特有の感情です。

別の世代は、Peter, Paul & Mary にも Peggy March にも、そして The Ronettes にも、何の感興をも抱かないことでしょう。

しかし、クラシックスは違います。

モーツァルトやベートーヴェンは、古くならないのです。

これらは、２００年も前に作られたものであり、その当時の人々はわれわれとはまったく別の世界に生きていたにもかかわらず。

クラシックスは、特定の世代だけに属しているわけではありません。あらゆる世代の共通の財産なのです。

どうしてなのでしょうか？

2 古典を読むほうが「効率がよい」

古典は時代を超越している

60年代のポピュラー・ミュージックは60年代に縛り付けられていて、そこから抜け出すことができません。だから、「古くなった」と感じるのです。しかし、モーツァルトやベートーヴェンの音楽は時代を超越しています。

同じことが、文学作品についても言えます。トルストイやドストエフスキイを読んでいて、それらが古くなってしまったと感じることはありません。

もちろん、そこに描かれている社会は、現代の社会とは違うものです。社会の豊かさも、使える技術も、人々の仕事の中身も、生活様式も、価値観も違います。それにもかかわらず、「これは昔の話で、いまとは違う」とは思わないのです。

古典とはそのようなものです。

60年代ポピュラー・ミュージックは素晴らしい。それらは、いま聞いても素晴らしい。しかし、それらは古くなっています。そこが古典と違うところです。

60年代ポピュラー・ミュージックを聞くことによって、私は「古典とは何か」を実感として把握できたと感じました。

自然淘汰の過程と同じ

自然は、進歩のためにさまざまな突然変異を試みます。その中で、環境に適さなかったものは淘汰され、環境に適合したものがつぎの世代を作っていきます。生き残ったものは、淘汰されたものに比べて、価値が高いのです。

それと同じことが、音楽や文学作品についても言えます。

数百年以上の期間にわたって生存し続けた作品は、生存し続けたという事実そのものによって、現在生産されているものに比べて、平均すれば優れたものであるという評価ができるはずです。

では、「現代においても古典は生産されているのか？」が問題となります。これについて、つぎに考えたいと思います。

3 生産者の論理は消費者の論理と違う

生産者の論理では、古典は供給されにくい

古典は、いま新たに生産されている音楽や文学より質が高いのですから、古典だけが供給されて、新しい作品は供給されなかったとしても、不思議はありません。

しかし、実際には、その逆のことが起こっています。つまり、新しいものがどんどん供給されているのです。

出版科学研究所のデータによると、２０１８年の書籍の販売額は、ピークだった１９９６年に比べて、36%減りました。それにもかかわらず、新刊点数は13%増加しています。つまり、「刊行数を増やして売り上げ減を補う」という負のスパイラルに陥っています。

これはいったいなぜでしょうか？

それは、生産者の論理と消費者の論理は違うものであり、本章の2で述べたのは、消費者（鑑賞者）の論理だからです。

「生産者の論理」とは、ビジネスの論理です。その活動からいかにして利益を生み出すかが目的です。

音楽や文学の生産過程に「生産者の論理」が影響することは、避けられません。

生産者の論理から見ると、古典のビジネスは成り立ちにくいのです。そして、新しいものを供給するバイアスが働きます。その理由はつぎの通りです。

古典のビジネスは、すでに存在する作品の再生産です。そこでは、付加価値を付け加える余地は、あまりありません。したがって、ビジネスの収益性という観点から見れば、あまり魅力的なものではないのです。

他方で、新しい作品を宣伝して売り出す過程は、リスクはあるものの、成功すれば、付加価値が高いものとなり得ます。

したがって、生産者の論理から言えば、新しいものを大量に供給して成功を狙うことになります。

情報洪水で、供給される情報の平均的価値が下がった

大量に生産されれば、平均的な情報の価値は低下します。

このことは、文章に関して明らかです。

紙に印刷することが必要であった時代には、ある程度以上の価値のものしか供給される

ことがありませんでした。

しかし、インターネット配信の場合には、複製と配送のコストはほぼゼロです。このため、極めて価値が低いものも供給されるようになってしまったのです。そして、供給量が爆発的に増えています。

オスカー・ワイルド（19世紀のアイルランドの作家、詩人）は、かつてつぎのように言ったことがあります。

昔は、文学者が本を書いて、大衆が読んだものだ。いま、大衆が書いて、誰も読まない。

天才詩人は、１００年以上前に、現在の状況を正確に見通していたのです。

もちろん、現在生産されているものの中から、選ばれて残っていくものはあるでしょう。いま世界中の中高生の間で人気の動画サイトTikTokでは、まったく無名だった20歳のリル・ナズ・XのOld Town Roadが人気を集め、その結果、全米シングルチャートで19週連続1位という史上最長記録を達成し、２０１９年最大のヒット曲となりました。

しかし、新しく生産されるものの総数に対するヒット作品の比率は、極めて低くなっています。その中で、さらにごく少数の作品だけが古典となって残るのです。

言い換えれば、新しく生産されるものの中で本当に価値のあるものの比率は、極めて低いということになります。

4 プッシュされるものを聞くだけとはあまりに愚か

古典文学を読むなど、論外?

先日、ある人と話していて、大変ショッキングな話を聞きました。

その人が言うには、いまの若い世代の人たちは、音楽を聞いて良かったと思っても、それをもう一度聞こうとはしない。つぎつぎにプッシュされてくるものをただ聞いているだけだというのです。実際、TikTokで流している動画は、15秒の長さしかありません。

動画ですらそうなのですから、ましてや、「クラシック音楽を聞いたり、古典文学を読むなどは、論外」ということになるでしょう。

「そうしたものは、あなた方、古い世代の人だけで楽しんでください。私たちには関係がない」というわけです。

非効率な作業をやっていただいて、ご苦労さま

私は、こうした人々の行動にはまったく賛同しかねます。

なぜなら、それは、この章の2で述べた「自然淘汰の法則」から見て、まったく馬鹿げた行動だからです。

そこで述べた考えによれば、いつの時代においても、突然変異が試みられます。音楽でも文学でも、どの時代においても、新しいものが生み出されます。

しかし、それらのうち大部分は淘汰されます。そこで淘汰されなかったものが、生き延びて古典になるのです。

「プッシュされてくるものをつぎつぎに聞いているだけ」という人々は、その反面で、淘汰の過程をくぐり抜けてきた古典を読んだり聞いたりはしません。

淘汰過程をくぐり抜けてきたもののほうが、その時点で新しく生まれるものに比べて質が高いのですから、誠に無駄なことに時間を使っていることになります。

つまり、新しいものだけを求めるというのは、実に愚かなことなのです。ほとんどが質

の低いものを見たり聞いたりしているのですから、非常に非効率的なことです。

これでは、本章の３「生産者の論理は消費者の論理と違う」で述べたビジネスの論理に振り回されているだけです。

古典を知らずに過ごすのは、あまりにもったいない

もっとも、こうした人たちの行動にまったく意味がないとも言えません。それは選別過程を手助けしているからです。この人たちが積極的に選択をしなくとも、ＡＩ（人工知能）が彼らの行動をモニターし、分析しています。

選別の過程がないと淘汰のメカニズムは働かないので、この人たちは、結果的には社会の進歩に寄与していることになります。

その意味で、「ご苦労さま」と感謝しなければならないでしょう。

これはもちろん皮肉ですが、真面目な話として言えば、考えを変えて、古典に目を向けてほしいと思います。

古典に接するのは望めば簡単にできることなので、そうしたチャンスを知らないで過ごしてしまうのは、あまりにもったいないことです。素晴らしいものがあるのに、それを見

ないで終わってしまうのは、まったく残念なことです。

古典に関心を示さず、ただプッシュされてくるものを受け入れる人は、いつになっても満足することはないでしょう。「古典などは別世界のもの」と考えている人は、本書で紹介している本の一冊でも良いので、読んでいただきたいと、切に思います。

5 フィルターバブルとレコメンデーションから脱却しよう

フィルターバブルとは?

いま、多くの人が、スマートフォンからプッシュされてくる情報をただ受動的に受け入れています。

情報源がそれだけという人も、多くいます。新聞も雑誌も読まず、スマートフォンのニュースサイトに流されてくる記事だけに頼っています。ましてや、書籍などには目もくれません。

ところで、インターネットからプッシュされてくる情報にバイアスがあることは、以前から知られています。その人が興味がありそうな情報を選んでプッシュしてくるのです。

これは、イーライ・パリサーが指摘した「フィルターバブル」という現象です（イーライ・パリサー『閉じこもるインターネット』早川書房、２０１２年。なお、野口悠紀雄『知の進化論』朝日新書、２０１６年、第5章も参照）。

こうなると、「泡」（バブル）の中に包まれたようになってしまい、自分が見たい情報しか見えなくなり、知的孤立に陥るというのです。

フィルターバブルだけではありません。商業的な、あるいは政治的な意図を持ってなされる情報提供に誘導される場合もあります。これが、「レコメンデーション」であり、「ターゲティング広告」です（野口悠紀雄『データ資本主義』日本経済新聞出版社、２０１９年）。

これらの情報がどのようなバイアスを持っているかは、受け手には分かりません。知らないうちに誘導されることになります。

そして、自分自身の選択の基準を失い、知らぬうちにビジネスの論理に操られていくことになります。

自分自身の選択基準を確立する

このような状況から逃れるには、長い選別過程をくぐり抜けてきた古典を読むしかありません。

手始めに、シェイクスピアでもゲーテでも読んでみてはどうでしょう？　まったく新しい世界が広がることが分かるでしょう。

私は、「新しいものを無視せよ」と言っているわけではありません。

世界は変わっていくものであり、それを捉えるには、現在何が起きているかを敏感に察知しなければなりません。古いものに執着すれば、進歩を否定することになります。

しかし、変化していくものの中に、変化しない核が存在することも事実なのです。それが古典に他なりません。それによって、自分自身の情報選別の基準を作り上げるのです。

本書が追求したいこと

人々が自分の選別基準を失ってしまった一つの原因が、出版業界にあることも否定できません。

本章の3「生産者の論理は消費者の論理と違う」で述べた「ビジネスの論理」にしたがって、古典を強調するのではなく、新しいものを強調するからです。

しかも、精選された少数を発行するのではなく、極めて多数の出版物を発行します。こうして、出版のサイクルが短くなっています。

出版は、本来はストックを生産するものであるにもかかわらず、フローを生産し続け、その結果、フローの生産については効率が遥かに高いインターネットに敗れてしまったのです。

以上のような観点から言えば、新聞や雑誌の書評欄も考え直す必要があります。いまの書評欄は、主として新刊の書籍の紹介になっています。時々は、特集を組んであるテーマについて古いものも取り上げることがありますが、それほど一般的ではありません。

これも、「ビジネスの論理」の帰結です。利益を求めるプロセスでは、新しいものは紹介しますが、古いものは紹介しないというバイアスが働き、古典は排除されるのです。そして、新しい情報や新しく登場した著者・アーティストが優先的に紹介されることになります。

ところが、本来であれば、古典をこそ紹介すべきなのです。それは商業的な利益には直接結びつかないかもしれませんが、重要なことです。

本書がそうした役割を担うことができたらと願っています。

6　宇宙を相手にする仕事と、人間を相手にする仕事

宇宙を相手にする仕事は難しくなっている

人間の仕事には、宇宙を相手にするものと、人間を相手にするものがあります。

電波望遠鏡でブラックホールを撮影したり、小惑星から岩石を採取したりするのは、前者の仕事です。私は子供の頃から、こうした仕事に憧れていました。

しかし、こうした仕事に就くには、経済的な条件が必要です。収入を得られなくても問題がないような強固な経済的バックグラウンドがなければなりません。

私の場合、そのようなバックグラウンドは望むべくもなかったので、こうした職業に就くことは、最初から論外でした。

人間を相手にする仕事にも、いくつかの種類があります。

まず特定の人々によって評価される仕事と、不特定多数の人々によって評価される仕事があります。役所をはじめとする組織の中での仕事は、前者の典型的なものです。小規模自営の小売業などは、後者です。

この中間にさまざまな仕事があります。

物書きの仕事は、そうした中間的職業の一つです。編集者という目に見える特定の人々によっても評価されるし、読者という目に見えない多数の人によっても評価されます。インターネットの利用拡大に伴って、目に見えない多くの人々によって評価される度合いが強くなりました。これには、良い面も悪い面もあります。ただし、宇宙を相手にするような仕事からどんどん離れていくことは、否定できないでしょう。

『罪と罰』は、読者を捉える努力をしなかった

人類の歴史で、これまで沢山の書物が書かれてきました。

その時々の人々を対象にして書かれたものが多くあったと思われますが、その大部分は失われました。

残ったのは、人間を相手にしてはいるが、宇宙を意識して書かれたものです。ゲーテ、トルストイ、ドストエフスキイなどの作品は、そうしたものです（この人たちの場合には、「宇宙を相手にする」というよりは、「神を相手にする」というほうが適当かもしれません）。

第6章の1で述べたように、『罪と罰』では、最初の何十ページにもわたって、実に退屈な文章が続きます。読者を捉えようという意図など、少しも見られません。

こうした文章を書くことができた時代の作家たちを、羨ましく思います。

ただし、これは書き手の立場からの嘆きであり、読者にとっては問題ではありません。なぜなら、『罪と罰』を読もうと思えば、いつでも読むことができるからです。

現代の世界で、宇宙を相手にした作品が生まれていないとは思わないのですが、そうしたものを見出すのは至難の業です。そうした努力をするよりは、古典を手に取るほうがずっと簡単でしょう。

古典を読むほうがよいというのは、決して高尚な精神論ではなく、単純な計算からの、極めて功利的な損得論なのです。

ま

な

は

た

か

索引

あ

著者略歴

野口悠紀雄《のぐちゆきお》

1940年東京生まれ。
63年東京大学工学部卒業、64年大蔵省入省。
72年エール大学のPh.D.（経済学博士号）を取得。
一橋大学教授、東京大学教授、スタンフォード大学客員教授、
早稲田大学大学院ファイナンス研究科教授などを経て、
2017年9月より早稲田大学ビジネス・ファイナンス研究センター顧問。
一橋大学名誉教授。
専攻はファイナンス理論、日本経済論。
著書に『情報の経済理論』（東洋経済新報社、日経・経済図書文化賞）、
『財政危機の構造』（東洋経済新報社、サントリー学芸賞）、
『バブルの経済学』（日本経済新聞社、吉野作造賞）などがある。